Kauderwelsch
Band 159

D1728835

Impressum

Elfi H. M. Gilissen
Niederländisch Slang – das andere Niederländisch
erschienen im
REISE KNOW-HOW Verlag Peter Rump GmbH
Osnabrücker Str. 79, D-33649 Bielefeld
info@reise-know-how.de

Layout	Elfi H. M. Gilissen
Layout-Konzept	Günter Pawlak, FaktorZwo! Bielefeld
Umschlag	Günter Pawlak, FaktorZwo! Bielefeld
Fotos	Titelfoto: Elfi Gilissen, Umschlagrückseite: Sjaak Aalten
Illustrationen	Stefan Theurer
Druck und Bindung	Fuldaer Verlagsanstalt GmbH & Co. KG, Fulda

ISBN 3-89416-461–1
Printed in Germany

Dieses Buch ist erhältlich in jeder Buchhandlung der BRD,
Österreichs, der Schweiz und der Benelux. Bitte informieren
Sie Ihren Buchhändler über folgende Bezugsadressen:

BRD	Prolit GmbH, Postfach 9, D-35461 Fernwald (Annerod)
	sowie alle Barsortimente
Schweiz	AVA-buch 2000, Postfach 27, CH-8910 Affoltern
Österreich	Mohr Morawa Buchvertrieb GmbH,
	Sulzengasse 2, A-1230 Wien
Belgien & Niederlande	Willems Adventure, Postbus 403, NL-3140AK Maassluis
direkt	Wer im Buchhandel kein Glück hat, bekommt unsere Bücher

zuzüglich Porto- und Verpackungskosten auch direkt über
unseren Internet-Shop: **www.reise-know-how.de**
Zu diesem Buch ist ein **Tonträger** erhältlich, ebenfalls in
jeder Buchhandlung der BRD, Österreichs, der Schweiz und
der Benelux-Staaten.

Der Verlag möchte die **Reihe Kauderwelsch**
weiter ausbauen und **sucht Autoren!**
Mehr Informationen finden Sie auf unserer Internetseite
**www.reise-know-how.de/buecher/special/
schreiblust-inhalt.html**

Kauderwelsch

Elfi H. M. Gilissen

Niederländisch Slang

– das andere Niederländisch

REISE KNOW-HOW
im Internet
www.reise-know-how.de
info@reise-know-how.de

*Aktuelle Reisetipps
und Neuigkeiten,
Ergänzungen nach
Redaktionsschluss,
Büchershop und
Sonderangebote
rund ums Reisen*

Kauderwelsch-Slangführer sind anders!

Warum? Sie sind bestens mit der Landessprache vertraut und verstehen trotzdem nur die Hälfte, wenn Sie mit den Menschen vor Ort so richtig ins Gespräch kommen?

Gerade wenn Sie sich in der „Szene" bewegen oder Menschen in ihrem ganz normalen Alltag antreffen, sie auf der Straße ansprechen, mit ihnen ein Bier in der Kneipe trinken, ist deren Sprachgebrauch Meilen entfernt von der offiziell verwendeten Hochsprache in den Medien und den Bildungsinstituten.

Man bedient sich der **lockeren Umgangssprache** und vieler **modischer Slangbegriffe**, die oft nicht einmal die gesamte Bevölkerung versteht, sondern nur bestimmte Altersschichten, eingeschworene Szenemitglieder oder Randgruppen.

Die meisten Slangausdrücke haben eine kurze Lebensdauer und finden nie den Weg in das Lexikon. **Slang ist vergänglich.** Aber es bringt die nötige Würze in das sonst zu dröge daherkommende, in der Hochsprache geführte Gespräch.

Die wahre Vielfalt einer Sprache liegt in diesem lebendigen Mischmasch von Hochsprache, Umgangssprache und Slang. In diesem bunten Mix spiegeln sich **Lebensart, Lebensgefühl** und **Lebensphilosophie** der Menschen vor Ort.

Da die Umgangssprache eher gesprochen als geschrieben wird und es für deren Schreibweise keine festen Regeln gibt, werden Sie immer wieder auf unterschiedliche Schreibweisen der Slangwörter stoßen, wenn Sie diese denn einmal geschrieben sehen.

Die AutorInnen werden Sie immer wieder zum Schmunzeln bringen und Ihnen gekonnt Mentalität und Lebensgefühl des jeweiligen Sprachraumes vermitteln. Es werden Wörter, Sätze und Ausdrücke des Alltags aus der Kneipe und dem Arbeitsleben, die Sprache der Szene und der Straße erklärt. Im Anhang sind diese in 1000 Stichwörtern geordnet, damit Sie die täglich gehörten Begriffe und Wendungen finden können, die bisher kaum in Wörterbüchern aufgeführt sind.

Inhalt

Der Slang

Inhalt

Anhang

① AMSTERDAM
② DEN HAAG
③ MAASTRICHT
④ ENSCHEDE
⑤ ROTTERDAM
⑥ UTRECHT
⑦ GRONINGEN
⑧ ARNHEM
⑨ VENLO
⑩ LEEUWARDEN

Gronings
FRIES
Drents
NEDERSAKSISCH
Veluws
Hollands
Twents
Achterhoeks
ZEEUWS
NEDERLANDS
NL
Brabants
LIMBURGS
West-Vlaams
Oost-Vlaams
B
D

Finden Sie die Sprache der Käsköppe auch so lustig? Man kann sich wirklich vor Lachen kringeln, wenn man die umgangssprachlichen Redewendungen der netten blonden Nachbarn mal genauer unter die Lupe nimmt. Da spricht man viel über Genitalien und Krankheiten, gerade wenn es ums Schimpfen geht!

Im Land der Blumen ist die Wortwahl sehr blumig. Mein persönlicher Favorit ist da **kuttelikkertje.** Das bedeutet wörtlich *Pussi-Lecker-chen* und gemeint sind damit die beliebten kleinen Schoßhunde. Seit ich dieses Wort kenne, könnte ich mich vor Lachen ausschütten, wenn ich ein Frauchen mit ihrem Purzelchen Gassi gehen sehe!

Sie werden beim Lesen dieses Bändchens sicherlich ebenso viel Spaß haben, wie ich beim Recherchieren, aber es wird Ihnen vielleicht auch mal zupass kommen, wenn Sie im Urlaub beim Après-Ski oder einer Strandparty einer Meute von Holländern begegnen. Hier können Sie all den Slang nachlesen, den Sie bei Missgeschicken, bei Handgreiflichkeiten, bei amourösen Abenteuern, auf dem Lokus, im Coffeeshop oder beim Begrüßen und Verabschieden vom Stapel lassen könnten.

Mit Slang ist in diesem Band die Umgangssprache der unterschiedlichen Bevölkerungsschichten gemeint, ob Jung oder Alt, Alteingesessen oder neue Bewohner der Niederlande, alle haben sie ihre kleinen Sprachnischen, die aber auch alle aus einem gemeinsamen Topf schöpfen, den ich Ihnen hier vorstelle.

Veel plezier! Elfi H. M. Gilissen

Das Büchlein

Zum Gebrauch dieses Büchleins gibt es vor allem die Kleinigkeit anzumerken, dass das Büchlein eher zu Ihrem schlichten Amüsement und auch zur Verbesserung Ihres Hörverständnisses geschrieben wurde und nicht dazu, jetzt in den Niederlanden die derben Beschimpfungen und Flüche zu benutzen, die oft höchst beleidigend sind. Damit könnten Sie leicht in die Bredouille geraten, denn schließlich ist man ohnehin nicht allzu gut auf die Deutschsprachigen zu sprechen.

Im nächsten Kapitel „Wie spricht man's" erfahren Sie, wie man das Niederländische ungefähr auszusprechen hat, damit Sie den ein oder anderen ungefährlichen Begriff durchaus einmal selbst anwenden können. Wer es genau wissen will, dem empfehle ich, sich das begleitende Tonmaterial zu diesem Band zu besorgen.

Die meisten Ausdrücke finden Sie auch wortwörtlich ins Deutsche übertragen, denn gerade in dieser wörtlichen Übersetzung liegt der besondere Witz. Man fragt sich manchmal wirklich, wer diese Wendung wohl erfunden hat und lacht sich derweil schlapp. Ganz nebenbei schärft es natürlich auch Ihr Verständnis des Niederländischen, dessen Umgangssprache wirklich ganz besonders kreativ ist.

Kauderwelsch-Tonträger

Falls Sie sich die fremdsprachigen Sätze und Wörter, die in diesem Buch vorkommen, einmal von einem waschechten Niederländer gesprochen anhören möchten, kann Ihnen Ihre Buchhandlung das begleitende Tonmaterial zu diesem Buch besorgen. Sie bekommen es auch über unseren Internetshop **www.reise-know-how.de** *zuzüglich Porto- und Verpackungskosten.*

Eigentlich ist die Aussprache des Niederländischen ganz einfach, wenn Sie nur die paar ungewohnten Laute üben:

ch	ch	Im Norden und Westen so typisch rau wie Sie es von Rudi Carell kennen, also wie in „la**ch**en": **kachel** kachel *besoffen, dicht, zu* Im Süden jedoch ganz weich, wie in „i**ch**".
e	ä	Kurzer „ä"-Laut wie in „B**e**tt" in fast allen einsilbigen Wörtern und wenn der Konsonant danach verdoppelt ist: **slet** sslätt *Schlampe*
	e	Kurzer „e"-Laut wie in „fick**e**n" wie im Deutschen immer in Endlauten: **kakker** kacker *Snob*
ei	äj	Ein kurzes „ä" sprechen und mit einem „j" am Ende in die Länge ziehen: **zeiken** säjken *nörgeln, pissen*
eu	öö	Langes „ö" wie in „M**ö**se": **neuken** nööken *bumsen*
g	ch	Hier gilt alles wie beim „ch": **gek** chäk *verrückt, Verrückter*
	g	Steht aber ein **ng**, spricht man es wie im Deutschen aus: **tongen** tongen *zungenküssen*

ij	äj	Genau wie das obige **ei:** **wijf** wäjf *Weib*
	i	Die Adjektiv-Endung **-lijk** spricht man aber als kurzes „i" aus: **belachelijk** belachelik *lächerlich*
	ie	In Ausnahmen als langes „ie": **bijzonder** biesonder *besonders*
oe	u	Kurz wie in „S**u**ff": **smoel** ssmul *Schnüss*
ou	au	Ganz einfach wie in „l**au**t": **wouten** wauten *Bulle (Polizist)* Bei Fremdwörtern wie in „R**ou**te": **route** rute *Route*
s	ss	Sanftes Doppel-„s" wie in „Wa**ss**er", auch am Wortanfang: **sukkel** ssückel *Trottel, Hanswurst* Und bei Kombinationen: **spleet** sspleet *Schlitz, Möse* **stikkie** sstickie *gedrehte Kippe, Joint*
sch	ssch	Am Wortanfang und -mitte immer ein „ss" und dann ein „ch": **schijt** sschäjt *Scheiße, Angsthase* Am Wortende nur ein „ss": **Grolsch** chrolss *Grolsch-Bier*
sj	sch	Das ist dann das deutsche „sch": **sjekkie** schäckie *gedrehte Kippe, Joint*
tie	zie	Nur bei Endlauten auf **-tie** wie in „**zie**ren" sprechen: **erectie** eeräckzie *Erektion*
u	ü(ü)	Langes „ü" wie in „k**üh**n": **muur** müür *Mauer, Snackautomat* Oder kurzes „ü" wie in „d**ü**nn": **muts** mütss *Trulla*

*Es gibt einige Ausnahmen, die meist Fremdwörter (oder Teile davon) sind, wie ma**cho** = Macho, massa**ge** = Massage, darmt**ou**rist = Schwuler, die man wie in ihrer Ursprungssprache ausspricht! Ausnahme: fuck; das spricht man mit einem kurzen „ü" aus: fück!*

12

ui	äü	Sprechen Sie ein langes „ä" mit einem „ü" am Ende als einen Laut aus: **fluitje** fläütje *kleines Glas Bier*
v	vv	Mittelding zwischen „v" und „w": **vuns** vvünnss *Ekel*
z	s	Schön scharf gesprochen wie in „**s**ummen": **zeiken** säjken *pissen, nörgeln*

Doppelt geschriebene Vokale (Selbstlaute) sind immer lang auszusprechen:

staaf	sstaaf	Stab, Penis
reet	reet	Arsch
doos	dooss	Dose, Tussi, Pussi
truus	trüüss	Zicke (Frau)

Einfach geschriebene Vokale spricht man in einsilbigen Wörtern immer kurz:

zak	sack	Sack
slet	sslätt	Schlampe
snol	ssnoll	Nutte
lul	lüll	Pimmel, Arschloch

Ebenso kurz wenn der Konsonant (Mitlaut) danach verdoppelt ist:

paddos	padooss	Paddos, Drogen-Pilze
etter	ätter	Eiter, kleine Scheißer
doppen	doppen	pellen, entjungfern
kussen	küssen	küssen, Kissen

Der einfache Vokal wird doch wieder lang gesprochen, steht bei mehrsilbigen Wörtern nur ein einfacher Konsonant dahinter:

staven	staavven	stechen, nageln, ficken
beven	beevven	beben
kloten	klooten	Hoden, Eier
schuren	sschüüren	scheuern, ficken

Auch als Endlaut eines Wortes (außer bei **e**, s. o.) wird der Vokal lang gesprochen:

pinda	pindaa	Erdnuss
lesbo	lässboo	Lesbe
nu	nüü	jetzt

Hallo & Tschüss!

Klein ist Holland, aber dennoch gibt es auch auf so kleinem Raum viele regional unterschiedliche Dialekte und Vorlieben – je nach Lebensalter und sozialer Stellung – für den Gebrauch gewisser Floskeln beim Begrüßen und Verabschieden.

Aber wo spricht man nun eigentlich was – und wie heißt es denn nun richtig: **neder-lands of hollands?** Na ja, richtig ist „Niederländisch", denn so nennt sich die Sprache offiziell. „Holländisch" ist eigentlich ein ganz spezifischer Dialekt, den man z. B. in Katwijk aan Zee, Utrecht, Dordrecht oder

Anerkannte Regionalsprachen der Niederlande sind Friesisch, Niedersächsisch und Limburgisch; Seeländisch hat seit 2001 einen Antrag auf Anerkennung laufen.

Enkhuizen spricht und mit dem sich z. B. ein Limburger oder Twentenaar nicht identifizieren möchte. Durch den internationalen Gebrauch von „Holland" als Synonym für die Niederlande ist dieses manchmal negative Stigma heute fast verschwunden.

Dialektunterschiede werden Sie einerseits je nach Ihrer Urlaubsregion in den Niederlanden zu hören bekommen, aber auch wo auch immer man auf der Welt einem Niederländer begegnen mag.

Hallo! Hi!

hai/hi	überall gebraucht
hai hai	im Westen beliebte Verdopplung
hoi	in Brabant beliebter Gruß (um mehr Chaos zu stiften, verwenden es die Friesen nur zum Abschied!)
hey	bei Jüngeren beliebt
hallo	mit lang gezogenem „o", wenn man z. B. ein Tier oder Kind begrüßt, oder bei Älteren (dann wieder kurz ausgesprochen)

Die eher förmlichen Grüße hört man ab und zu auch noch:

goeiemorgen	Guten Morgen
goeiendag	Guten Tag
goeiemiddag	Guten Tag (nachmittags)
goeienavond	Guten Abend

Seit der TV-Comedy-Serie Jiskefet *sagt man auch* goeie s'morgens *für „Guten Morgen".*

15

Will man mit einem „Wie geht's" begrüßen, hat man die Wahl zwischen mehr oder weniger saloppen Formen:

Hoe is't ermee?	*wie ist's damit*
Hoe gaat het?	*wie geht es*
Hoe gaat'ie?	*wie geht'er*
Hoe is'tie?	*wie ist'er*
Hoe is't?	*wie ist'es*
Alles kits?	*alles Paletti*

Das Beispiel in der Illustration sagt man natürlich nur zu Männern als Anspielung auf ihren Lümmel *unter/hinter dem Hosenstall* = **onder/achter de rits!**

Jedenfalls antwortet man auf alle diese Fragen im Allgemeinen immer mit **goed** *gut*, auch wenn es einem schlecht geht! Sonst:

Alles in orde.
alles in Ordnung
Alles in Ordnung.

Alles goed/fijn!
alles gut/fein
Alles ok.

Alles kits!
alles Paletti
Alles Paletti!

Makkie/Relaxed/Flex.
einfach/relaxed/flex(ibel)
Logo! Lässig!

Tschüss!

dag	universell einsetzbar	
doei	in der Randstad	*Die* Randstad *ist das dicht besiedelte Gebiet rund um die Städte im Westen (Rotterdam, Amsterdam, Utrecht). Hier verdoppelt man die einsilbigen Grüße gerne zu:* hoihoi, doeidoei!
doeg	in Brabant	
houdoe	in Brabant und Limburg. Auch: (= hou je goed = *halte dich gut*)	
hoi	der Abschiedsgruß in Friesland	
ajuu(s)	in Drenthe und Twente (vom französischen adieu abgeleitet)	
adio	aus dem Griechischen stammend; wird aber eher adschow ausgesprochen. Beliebt bei Jüngeren!	Drenthe *ist das niederländische Pendant zum Emsland und* Twente *das Pendant zum Münsterland.*
ciao	die italienische Variante, die auch in Deutschland beliebt ist	
salut	mehr Französisches in Drenthe	
tabee	noch etwas aus Drenthe/Twente	
de mazzel	rund um Arnheim (Hebräisch für „Glück"). Heißt so viel wie „Lass es dir gut gehen!"	

Bei der nachfolgenden Variante geht es um eine Wortspielerei. Man sagt **de ballen** *(die Bälle = Eier)* um sich zu verabschieden und meint damit im übertragenen Sinne „Hab Mut". Sagt man es aber zu einem Mann, kann man verulkend „halte sie warm" dazustellen, womit man dann auf das Warmhalten seiner Geschlechtsteile anspielt:

De ballen! (Hou ze warm!)
die Eier (halte sie warm)

Ik moet gaan/weg/opstappen.
ich muss gehen/weg/aufsteigen
Ich muss gehen.

Ik ben pleite!   **Ik taai af!**
ich bin weg   *ich zäh ab*
Ich bin weg!   Ich hau ab!

Ik ga er vantussen/vandoor.
ich gehe da von-zwischen/von-durch
Ich gehe dann mal.

Ik smeer'em!   **Ik peer'em!**
ich schmiere'ihn   *ich Birne'ihn*
Ich hau ab!   Ich hau ab!

Schriftlich verwendet man üblicherweise folgende Abschiedsformeln:

de groeten	**groetjes**
die Grüße	*Grüßchen*
(locker förmlich)	freundschaftlich

Veel liefs!	**Veel succes!**
viel Liebes	*viel Erfolg*
Alles Liebe!	Viel Erfolg!

... en een dikke knuffel!
und ein dicker Knuddel
... und eine dicke Umarmung.

... en een dikke kus.	**XXX**
und ein dicker Kuss	*„Kuss, Kuss, Kuss"*
... und einen dicken Kuss.	Küsschen!

Die Variante mit den XXX kommt aus den USA. Es gibt auch das verniedlichte XXXjes oder die Kombination mit XO, was Küsse und Umarmungen sind.

Hat man vor, sich bald wiederzusehen, verspricht man:

Zie je!	**Tot kijk/ziens!**
seh dich	*bis gucken/sehen*
Bis dann!	Auf Wiedersehen!

Tot binnenkort!	**Tot morgen!**
bis binnen-kurzem	*bis morgen*
Bis bald!	Bis morgen!

Tot zo/straks!	**Tot hoorens!**
bis so/nachher	*bis hörens*
Bis gleich!	Wir hören voneinander!

Tot volgende keer!
bis nächstes Mal
Bis zum nächsten Mal!

We bellen/mailen/faxen nog wel!
wir telefonieren/mailen/faxen noch wohl
Wir telefonieren/mailen/faxen!

Hou je haaks!	*halt dich steif*
	Halt die Ohren steif!
Hou je taai!	*halte dich zäh*
	Nur Mut!
Doe voorzichtig!	*tu vorsichtig*
	Sei vorsichtig!
Doe rustig aan!	*tu ruhig an*
	Pass auf dich auf!
Doe hènig aan!	*tu langsam an*
	Lass es langsam angehen!
	(in Twente; man spricht
	es du hännich ahn aus)
Kijk goed uit!	*gucke gut aus*
	Pass gut auf dich auf!
Rij voorzichtig!	*fahr vorsichtig*

Sterkte!	*Stärke* = Viel Glück!
Het beste!	*das Beste* = Alles Gute!
Vaarwel!	*fahre-wohl* = Lebewohl!
Veel plezier!	*viel Spaß*
Prettige dag!	*angenehmer Tag*
Prettig weekend!	*angenehmes Wochenende*
Prettige vakantie!	*angenehme Ferien*
Goede reis!	*gute Reise*
Goeienacht!	Gute Nacht!
(Wel)terusten!	*(wohl-)zu-ruhen* Schlaf schön!

De groeten aan je vrouw/man!
die Grüße an deine(n) Frau/Mann
Bestell deiner/m Frau/Mann schöne Grüße!

Doe de groeten aan je vriend(in)!
tu die Grüße an dein(en) Freund(in)
Grüß deine(n) Freund(in) von mir!

Und dann gibt es noch den Glückwunsch:

Gefeliciteerd!
beglückwünscht
Glückwunsch!

Fijne verjaardag!
feiner Geburtstag
Schönen Geburtstag!

Gelukkige verjaardag!
glücklicher Geburtstag
Alles Gute zum Geburtstag!

Hartelijk gefeliciteerd met je verjaardag!
herzlich beglückwünscht mit dein Geburtstag
Herzlichen Glückwunsch zum Geburtstag!

Zum Geburtstag singt man in Holland:
Lang zal ze/hij leven (3x).
In de gloria (3x).
Hieperdepiep, hoera! (3x). *Dabei ist* ze *für das weibliche Geschlecht,* hij *für das männliche.*

21

Bitte, danke & entschuldige!

Abgesehen von der Begrüßung sollte man noch ein paar Formeln beherrschen:

bitte

Alsjeblieft.
wie-dir-beliebt
Bitte. (informell)

Asje.
= Abkürzung
Bitte. (sehr informell)

Alstublieft.
wie-Ihnen-beliebt
Bitte. (höfliche Form in Geschäften, Restaurants, etc.)

danke

Im Grenzgebiet zu Deutschland hört man auch einfach danke!

Bedankt!
gedankt
Danke!

Hartstikke/hartelijk bedankt!
ganz/herzlich gedankt
Vielen Dank!

Dank je/u (wel)!
danke dir/Ihnen (wohl)
Danke! (die höfliche Form mit u wird z. B. in Geschäften und Restaurants gebraucht)

entschuldigung

Wann auch immer man sich entschuldigen muss, weil man jemanden angerempelt hat, an jemandem vorbei möchte oder zu spät zu

einer Verabredung gekommen ist, man sagt
ganz einfach wie im Englischen: **Sorry!** Man
kann es auch länger begründen:

Sorry, dat ik (te) laat ben.
Entschuldige, dass ich (zu) spät bin.

... maar ik stond in de file.
... aber ich stand im Stau.

... maar het was zo gezellig!
aber es war so gesellig
... aber es war echt so nett.

... maar de brug stond open!
aber die Brücke stand offen
... aber die Brücke war offen! (weil es gerade
in der Randstad viele Brücken über Flüsse
gibt, auch auf der Autobahn!)

... maar ik had een lekke band.
aber ich hatte ein lecken Reifen
... aber ich hatte einen Platten. (Gemeint ist
hier natürlich das Fahrrad, denn davon gibt
es mehr als Autos, gerade in Amsterdam!)

Oh, ik was helemaal de tijd vergeten!
oh, ich war ganz die Zeit vergessen
Ich hab gar nicht auf die Zeit geachtet.

Pardon, mag ik even langs?
entschuldige, darf ich eben längs
Entschuldigung, darf ich mal vorbei?

Super! Irre! Wahnsinn!

Es gibt nichts Gesünderes als in eine Lach-
salve auszubrechen. Die Glückshormone
strömen dann fidel durch den ganzen Kör-
per. Was so happy macht, nennt man:

super!

Hier gibt's allerlei interessante Ausrufe, die
man mit **Het was ...** *es war* beginnen könnte:

het summum!	*das Höchste*	= Spitze!
het einde!	*das Ende*	= Spitze!
eersteklas!	*erste-Klasse*	= Erste Klasse!
onwijs gaaf!	*unweise nett*	= Absolut irre!
prima!	*prima*	= Super!
uit de kunst!	*aus der Kunst*	= Echt stark!
geweldig!	*gewaltig*	= Klasse!
keigaaf!	*Kiesel-nett*	= Saugut!
kikken!	*kicken*	= Geil!
uitstekend!	*ausstechend*	= Hervorragend!
heerlijk!	Herrlich!	
prachtig!	*prächtig*	= Bestens!
mooi!	Schön!	
gezellig!	*gesellig*	= Saugemütlich!
prettig!	*spaßig*	= Nett!
aardig!	Nett!	
leuk/tof!	Schön!	
heftig!	Heftig!	
stoer!	Stark!	
niet mis!	*nicht verkehrt*	= Nicht übel!

Das Wörtchen kei
*wird gerne vor alle
möglichen Wörter
gestellt! Echter
Teenager-Jargon!*

Gewoon te gek/mieters!
einfach zu verrückt/herrlich
Einfach total verrückt/abgefahren!

Dat was me daar ook erg cool/koel!
das war mir dort auch schlimm kühl
Das war da voll cool, äh!

Dat is vet hé!	**Wat wreed!**
das ist fett, äh	*was hart*
Echt fett, äh!	Das ist der Hammer!

Het swingt de pan uit!
es swingt die Pfanne raus
Das hat mich aus den Latschen gehauen!

Hij ging helemaal uit zijn bol/dak.
er ging ganz aus sein Kopf/Dach
Er war total aus dem Häuschen!

saumäßig

Damit man etwas so richtig bewundernd als saumäßig gut beschreiben kann, braucht man solche verstärkenden Wörtchen:

hartstikke/lekker	total
aardig/enorm/flink	ganz schön
geweldig/behoorlijk	gewaltig/gehörig
ontzettend/ontiegelijk	entsetzlich
deksels/donders	verflixt
verdomd/verdraaid	verdammt
verdu(i)veld, verrekt	verteufelt, verreckt

?! Super! Irre! Wahnsinn!

Mann o Mann

Es gibt einige spontane Ausrufe, die ausdrücken, dass etwas wirklich ein starkes Stück ist: **Sapper! Sakkerloot! Tjee! Tjeempie! Wouw! Ttjonge! Tjongejonge! Tering!**

Das nur im Westen gebrauchte tering *bedeutet eigentlich „Tuberkulose"!*

Tjongejonge, moet je dat wijf zien!
T-Junge-Junge, musst du das Weib sehen
Mann oh Mann, jetzt schau dir das Weib an!

Sakkerloot, bekijk nou eens die bult hier!
verdammt, beguck jetzt einmal die Beule hier
Oh Mann, jetzt schau dir diese Beule an!

Soll man etwas besser lassen, heißt es mahnend: **Foei foei! Hè hè! Nou nou!**

Nou nou! Dat lijkt me helemaal niks!
na na! das scheint mir ganz nichts
Na na, das ist doch der letzte Scheiß!

Hè hè! Wat doe je nou?
na na! was tust du jetzt
Oh Mann, was machst du denn da?!

Schwingt allerdings Erstaunen oder Ratlosigkeit mit: **Gossie! Jasses! Jee! Jeempie! Jeetje! Jemig! Jeminee!**

Jeminee! En nu dan?!
tja! und jetzt dann
Tja, und was jetzt?!

Spaß & Quatsch

Lachen tun sie gern und viel, die Holländer. Was es da im Fernsehen nicht alles für komische Spieleshows gibt! Wer sechs Damen Sahne in den Ausschnitt sprühen darf oder sie überzeugt, voll bekleidet in ihre Badewanne zu steigen, bekommt 50 Euro ...

Ik moest er hard om lachen.
ich musste da hart um lachen
Es brachte mich voll zum Lachen.

Ik lach me rot / gek / helemaal dood.
ich lache mich verrottet / verrückt / ganz tot
Ich lach mich kaputt.

Ik lig er dubbel van.
ich liege da doppelt von
Ich könnte mich kringeln.

Ik lig in een deuk.
ich liege in einer Beule
Ich lach mich krumm.

Ik lig helemaal slap.
ich liege ganz schlapp
Ich lach mich schlapp.

Het is gewoon om te gillen.
es ist einfach um zu schreien
Es ist echt zum Schreien!

Gerede & Unsinn

Schon wenn man nur kurz mit den Nachbarn auf dem Campingplatz **praat** *redet,* **spreekt** *spricht,* **keuvelt** *plaudert,* **leutert** *quasselt,* **kleppt** *klönt,* **zwetst** *schwatzt,* ist man nicht vor Lachsalven sicher! Geht das eher auf Kosten anderer, klatscht und trascht derjenige: **kwebbelt, roddelt** oder **klikkt.** Ist das ganze Gerede eher dummer Unfug, **lult** *lallt,* **bazelt** *faselt,* **zwammt** *schwafelt,* **kletst** *quatscht,* **kwekt** *quakt* oder **ouwehoert** *sülzt* man. Das nennt man auch:

apekool / broodje aap / onzin verkopen
Affen-Kohl / Brötchen Affe / Unsinn verkaufen
X für ein U verkaufen

uit zijn nek lullen
aus sein Nacken lallen
an den Haaren herbeigezogen

Spaß & Witze

Spaß nennt man **lol, pret, plezier** und veraltet auch **gein** oder **leut.** Ein Scherz ist ein **grap, geintje** und ein Witz ist ein **mop.** Der ist dann hoffentlich auch **grappig** *witzig,* **geinig** *spaßig,* **drollig** *drollig,* **kluchtig** *pfundig,* **koddig** *komisch,* **lollig** *lustig.*

Wij hadden veel lol samen.
Wir hatten viel Spaß zusammen.

Kan ik niet eens een grapje maken?
Kann ich nicht mal einen Witz machen?!

Hij zit maar moppen te tappen.
er sitzt bloß Witze zu zapfen
Er reißt fortlaufend Witze.

Grapjas!	*Witz-Jacke* = Scherzkeks!
Grapjurk!	*Witz-Kleid* = Witzbold!
Lolbroek!	*Spaß-Hose* = Ulknudel!
Leukerd!	*Netter* = Komiker!

verarscht

Ze houden me zeker voor de gek / het lapje!
sie halten mich sicher für den Verrückten/Lappen
Die machen mich zum Clown!

Dan ben ik de pineut/dupe/lul zeker?
dann bin ich der Trottel/Betrogene/Pimmel sicher
Und ich bin der Dumme, ja?!

Ze hebben me zeker een oor aangenaaid.
sie haben mir sicher ein Ohr angenäht
Die wollen mir wohl einen Bären aufbinden!

Ik werd in de maling genomen.
ich wurde in den Mahlstrom genommen
Ich wurde aufs Glatteis geführt!

Statt de maling *sagt man auch* het ootje *und das ist wörtlich die Kuhle, in die man Murmeln schießt!*

Zij hebben me ertussen/beet genomen.
sie haben mich dazwischen/Biss genommen
Sie haben mich aufs Korn genommen.

Das Genörgel nervt!

Liegen die Nerven so langsam blank, ist die Situation echt **beroerd** *berührt* oder **vervelend** *nervig*. Bevor man jedoch die Nervensäge als **mafkees** *Nerv-Kees (beliebter Name)* oder **mafketel** *Nerv-Kessel* beschimpft, sagt man in der Hoffnung, er möge aufhören:

Je werkt op mijn zenuwen!
du arbeitest auf meine Nerven
Du gehst mir auf die Nerven!

Ik ben echt op van de zenuwen!
ich bin echt alle von den Nerven
Ich bin mit den Nerven total runter!

Het word me gewoon teveel!
es wird mir einfach zu-viel
Es wird mir einfach zu viel!

Ik kan er niet meer tegen!
ich kann da nicht mehr gegen
Ich halte das nicht mehr aus!

Ik word er (dood-/schijt-) ziek van.
ich werde da (tot-/Scheiß-) krank von
Es macht mich (total) krank.

Ik word er helemaal gestoord/gek van.
ich werde da ganz gestört/verrückt von
Es macht mich ganz verrückt.

meckern & nörgeln

Jetzt hat man definitiv Gründe, zu **zeuren** *nörgeln*, **zeiken** *pissen*, **zaniken** *zicken*, **meieren** *nölen*, **zemelen** *zetern*, **drammen** *jammern*, **kutkammen** *Pussi-kämmen*. Ist es schon eher ein heulerisches Gejammer oder Gewinsel, nennt sich das: **dreinen, drenzen, jengelen, mieren, neuzelen.**

Zit toch niet zo te drammen!
sitze doch nicht so zu jammern
Jetzt hör mal mit der Jammerei auf!

Hou eens op met dat gezanik!
hör einmal auf mit dem Genörgel
Jetzt hör auf zu jammern!

Ze zitten altijd dezelfde deun te zingen.
sie sitzen immer dieselbe Melodie zu singen
Es ist immer die gleiche Leier.

Die ewigen Meckerziegen und Nörgler sind: **zanik** *Zicke,* **drein** *Flenner,* **ouwe zemel** *alter Zeterer,* **zeurpiet** *Nörgel-Piet,* **zeikerd** *Pisser,* **zeikwijf** *Piss-Weib,* **zeurkous** *Nörgel-Strumpf,* **zeurneus** *Nörgel-Nase,* **zeikstraal** *Piss-Strahl,* **zeiksnor** *Piss-Schnäuzer,* **ouwehoer** *Sülzer,* **dramkont** *Jammer-Hintern,* **jankert** *Winseler,* **galbak** *Gall-Kiste,* **mekkerkont** *Mecker-Hintern,* **kuttekop** *Pussi-Kopf,* **zeikjanus** *Piss-Jan,* **zeikstier** *Piss-Stier.* Noch schlimmer sind diejenigen, die sich grundsätzlich zu viel um

Kleinigkeiten scheren: **kommaneuker** *Komma-Bumser*, **pietjesneuker** *Popel-Bumser*, **muggenzifter** *Mücken-Sieber*.

Wat is die vent toch een mierenneuker!
was ist der Typ doch ein Ameisen-Bumser
Der Kerl ist echt ein Erbsenzähler!

Hij zoekt naar spijkers op laag water.
er sucht nach Nägeln auf niedrigem Wasser
Zij zoekt voortdurend een haar in de boter.
sie sucht fortwährend ein Haar in der Butter
Er/Sie sucht immer nach dem Haar in der Suppe.

Schraube locker?

Der Wahnsinn hat viele Formen. Es fängt an mit **gek, zot, onnozel** *verrückt* an, wird heftiger mit **dwaas** *töricht*, **belachelijk** *lächerlich*, **geschift** *gestört*, **getikt** *getickt* und im Endstadium ist man: **knettergek** *Knatter-verrückt*, **stapelgek** *Stapel-verrückt*, **kierewiet** *beknackt*, **verknipt** *verschnitten*, **leip** *verrückt* oder **krankzinnig** *kranksinnig*.

Ben je nou helemaal van de wilde ratten besnuffeld?
bist du jetzt ganz von den wilden Ratten beschnüffelt
Bist du von allen guten Geistern verlassen?!

Ben je nou helemaal van de pot
gepleerd/gerukt?
bist du jetzt ganz von dem Topf gefallen/gerückt
Hast du noch alle Tassen im Schrank?

Heb je een tik/klap van de molen gehad?
hast du einen Tick/Schlag von der Mühle gehabt
Haben Sie dir als Kind zu oft auf den Kopf
gehauen?

Ben je nou helemaal besodemietert?
bist du jezt ganz Sodom-beworfen
Bist du jetzt total bescheuert?

Ben je misschien niet goed wijs/snik?
bist du vielleicht nicht gut weise/gescheit
Sag mal, hast du sie noch alle beisammen?

Ben je nou helemaal goed wijs?
bist du jetzt ganz gut weise
Tickst du noch ganz richtig?

Ben je misschien niet goed bij het hoofd?
bist du vielleicht nicht gut beim Kopf
Du bist wohl nicht ganz richtig im Kopf!

Je hebt zeker een schroefje los!
du hast sicher eine Schraube locker
Du hast wohl 'ne Schraube locker!

Hij blijkt wel van zijn lotje getikt!
er scheint wohl von seinem Los getickt
Der hat wohl einen an der Waffel!

Verdammter Mist!

Bei Missgeschicken und Ärgernissen aller Art, muss man sich erst einmal lauthals darüber beschweren. Ganz klassisch sagt man: **Godverdomme!**, sprich „Gottverdammt". Weil man jedoch nicht schlecht über Gott sprechen sollte oder die Niederländer einfach Spaß an Wortspielereien haben, gibt es unzählige Variationen.

GADVERDAMME! GETVER! GODDOMME!
GODNONDEJU! GODVER! GODVERDORIE!
GODVERJU! GOSAMME! GODNONDEJU!
POTDOMME! POTDORIE! POTDOSIE! POTJANDORIE!
POTJANDOSIE! POTVER! POTVERBLOMME! POTVERDIKKIE!
POTVERDOMME! POTVERDORIE! POTVERDOSIE!
POTVERDRIEDUBBELTJES! VERDIKKIE! VERDOMD!
VERDOMME! VERDORIE!

Verdomme nog aan toe!
verdammt noch an zu
Verdammt nochmal!

Mittlerweile hört man jedoch häufiger ein schmerzloses, kurzes Ausrufen von **Kut!** *Pussi* in der Bedeutung „Mist". Es gibt auch längere kreativere Varianten, die im Endeffekt alle „Verdammter Mist" bedeuten:

Kut met peren!	*Pussi mit Birnen*
Kut op wielen!	*Pussi auf Räder*
Kut met vingers!	*Pussi mit Fingern*

Klote(n) *Hoden* steht immer in Verbindungen:

Wat klote(n)!	**Dat is kloten.**
was Hoden	*das ist Hoden*
So ein Mist!	Das ist beschissen.

Dat is zwaar fout/kut/klote(n).
das ist schwer falsch/Pussi/Hoden
Das ist echt voll für den Arsch!

Het is naar de kloten/haaien/filistijnen.
das ist zu den Hoden/Haien/Philistern
Das sind echt Perlen vor die Säue!

Dat slaat als kut op dirk!
das schlägt wie Pussi auf Dirk
Dat slaat als een tang op een varken!
das schlägt wie eine Zange auf ein Schwein
Dat slaat helemaal nergens op!
das schlägt ganz nirgends drauf
Das ist ja total daneben!

Ik voel me zwaar kut/klote!
ich fühle mich schwer Pussi/Hoden
Mir geht's dreckig!

Ik erger me kapot/dood/rot.
ich ärgere mich kaputt/tot/verrottet
Ich ärgere mich zu Tode.

Wat lullig/klote(n)/kut (voor je)!
was pimmelig/Hoden/Pussi (für dich)
Dumm gelaufen!

Maak je nu maar niet druk/dik.
mache dich jetzt bloß nicht beschäftigt/dick
Jetzt reg dich nicht auf!

Shit *verharmlost man* | Früher sagte man für „Scheiße!" auch **schijt**,
im Beisein von | heute jedoch eher das englische **shit** oder
Kindern *auch zu* chips. | auch **fuck** *ficken*:

Im Grenzgebiet hört | **Fuck a duck!** (fückedück *aussprechen*)
man auch das deutsche | *ficken eine Ente (eigentlich alles Englisch)*
Scheiße! | So ein Mist!

beschissen

Statt beroerd *etc.* | **Ik voel me beroerd/ellendig/belazerd/rot.**
kann man auch | *ich fühle mich berührt/elend/mies/verrottet*
wieder kut „Pussi" | Ich fühle mich Elend!
und klote(n) „Hoden" |
einsetzen, um | **Ik voel me niet al te best.**
auszudrücken, dass | *ich fühle mich nicht all zu bestens*
man sich beschissen | Ich fühle mich nicht gerade gut.
fühlt. |

Ik zit in de lappenmand.
ich sitze im Lappen-Korb
Ich hänge total durch.

Ik zit in de put.
ich sitze in der Grube
Ich habe ein Tief.

Ich blick's nicht!

Wenn Sie so langsam den Durchblick verlieren in diesem Wald von Niederländisch:

Ik ben de kluts kwijt.
ich bin den „Rhythmus" verloren
Ich blicke nicht mehr durch.

Weet ik veel?!
weiß ich viel
Woher soll ich das wissen?!

Wie weet?!
wer weiß
Wer weiß?!

Ik snap er geen kloten/hout van.
ich schnalle da kein Hoden/Holz von
Ich verstehe echt nix mehr.

Ik snap er geen sikkepit/snars/bal van.
ich schnalle da kein Winziges/Riss/Ball von
Ich schnall gar nichts mehr!

Statt sikkepit *etc. kann man auch einsetzen:* barst *Riss,* zak *Sack,* flikker *Körper.*

Ik begrijp er niks van.
ich begreife da nichts von
Ich verstehe nur Bahnhof.

Ik kan er ook geen brood meer van bakken!
ich kann da auch kein Brot mehr von backen
Ich weiß nicht mehr ein noch aus!

Joost / God / de duivel mag het weten!
Jesus / Gott / der Teufel darf es wissen
Weiß der Himmel / Teufel!

Schluss jetzt!

Wenn das Maß voll ist, gilt es den lästigen
Zeitgenossen in die Wüste zu schicken.

Ik heb er genoeg van.
ich habe da genug von
Das ist jetzt genug!

Kappen nou!
hacken jetzt
Jetzt hör auf!

En nou is't afgelopen!
und jetzt ist'es abgelaufen
Und jetzt ist Schluss!

Hou op!
hör auf
Hör auf!

Nou is't genoeg geweest!
jetzt ist es genug gewesen
Jetzt ist es genug!

Schei uit met die flauwekul/onzin!
scheide aus mit der/dem flauen-Sache/Unsinn
Hör auf mit dem Scheiß!

Wat een flauw gedoe.
was ein flaues Getue
Was für ein armseliges Benehmen.

Doe niet zo raar/vreemd/idioot/maf!
tu nicht so merkwürdig/fremd/idiotisch/blöd
Sei nicht so albern!

Stel je niet zo belachelijk aan.
stell dich nicht so lächerlich an
Stell dich nicht so blöd an.

Ik ben het moe/beu/zat.
ich bin es müde/überdrüssig/satt
Ich habe die Schnauze voll.

Daar schijt ik van.
da scheiße ich von
Ich kriege das kalte Kotzen!

Ik heb het wel gezien!
ich habe es wohl gesehen
Nee, jetzt ist es gut!

Ik heb mijn bekomst ervan!
ich habe mein Bekommen davon
Jetzt ist das Maß voll!

Ik kan het niet meer zien.
ich kann es nicht mehr sehen
Ich kann es nicht mehr sehen.

Schnauze!

Hou je mond/bek/kop/smoel/muil/harses.
halte dein Mund/Klappe/Kopf/Fresse/Maul/Hirn
Halt die Klappe!

Ik wil verdorie dat je je bek houdt!
ich will verdammt dass du deine Klappe hälst
Jetzt halt verdammt nochmal die Klappe!

Ach, zit toch niet zo dom te lullen/kletsen!
ach, sitze doch nicht so dumm zu lallen/klatschen
Laber keinen Driss!

Schluss jetzt!

Praat/klets geen onzin!
rede/klatsche keinen Unsinn
Red keinen Unsinn!

Wat een lulkoek/lullepraat/geneuzel!
was ein lall-Kuchen/lall-Gerede/Gesülze
Was für ein Gesülze!

Bemoei je met je eigen zaken!
bemühe dich mit deinen eigenen Sachen
Kümmer dich um deinen eigenen Kram!

Statt reet *kann man* **Dat gaat je geen reet aan!**
auch noch viele andere *das geht dich keinen Arsch an*
Wörtchen einsetzen: Das geht dich gar nichts an!
bal *Ball,* moer *Mutter,*
flikker *Körper,* **Daar heb je geen fuck mee te maken!**
snars *Stückchen,* *da hast du keinen Fick mit zu machen*
barst *Riss ...* Damit hast du schon mal gar nichts am Hut!

Verschwinde!

Um zu sagen, dass jemand abzischen soll,
hat man vielfältige Möglichkeiten:

Rot op!	*rotte auf*
Flikker op!	*Körper auf*
Zout op!	*Salz auf*
Donder op!	*Donner auf*
Kanker op!	*Krebs(krankheit) auf*
Sodemieter op!	*Sodom-beworfen auf*
Sodeflikker op!	*Sodom-Körper auf*
Pleur op!	*Rippenfellentzündung auf*

Krijg de kanker/klere/pest/pokken/tering!
bekomme den Krebs/Cholera/Pest/Pocken/TBC
Verpiss dich!

Wer extrem gemein ist,
wünscht jemandem
statt kanker *etc. einfach*
Aids *an den Hals,*
damit er endlich
Leine zieht.

Je kunt de pot op!
du kannst den Topf rauf
Du kannst mir den Buckel runterrutschen!

Loop naar de duivel!   **Fuck off!**
laufe zum Teufel   *fick weg*
Scher dich zum Teufel!   Fick dich ins Knie!

Wat moet je?   **Val dood!**   **Barst!**
was musst du   *fall tot*   *platze*
Was willst du?   Stirb doch!   Verrecke!

Leck mich!

Es gibt vielfältige Arten zum Ausdruck zu bringen, dass ein gewisser Jemand einen völlig kalt lässt:

Nou en?!   **Wat maakt het uit?**
jetzt und   *was macht es aus*
Na und!?   Was macht das schon?

Het kan me geen reet schelen!
es kann mir keinen Arsch ausmachen
Het zal me aan mijn reet roesten!
es wird mir an meinem Arsch rosten
Das geht mir am Arsch vorbei!

Het kan mij niets schelen!
es kann mir nichts ausmachen
Ist mir doch egal!

Het zal me een (rooie) rotzorg zijn!
es wird mir eine (rote) verrottete-Sorge sein
Es kann mir doch scheißegal sein!

Lik m'n reet!   Aan mijn reet!
leck meinen Arsch   *an meinen Arsch*
Leck mich am Arsch!   Du kannst mich mal!

Je kunt m'n kloten kussen!
du kannst meinen Hoden küssen
Du kannst mich mal kreuzweise!

Weet je wat je daarmee kan doen?
weißt du was du damit kannst machen
Weißt du, wo du dir das hinstecken kannst?

Steek dat maar in je reet/hol!
stecke das bloß in dein Arsch/Loch
Das kannst du dir sonstwohin stecken!

Willste Prügel?!

Hat das bislang alles nichts genützt, sorgt vielleicht Prügel androhen endlich für Ruhe:
Ik ga je ... *Ich werde dich/dir ...*

... afrossen/afranselen. **... in elkaar rammen/slaan.**
abstriegeln/abprügeln *in einander rammen/schlagen*
... weichprügeln. ... zusammenschlagen.

... een dreun/hengst verkopen.
eine Dröhnung/Hengst(=Schlag) verkaufen
... eine Dröhnung/Schlag verpassen.

... je bek/kop verbouwen!
dein/deinen Maul/Kopf umbauen
Noch so'n Spruch,
Kieferbruch!

Oder man fängt mit folgender Wendung an:
Je krijgt straks ... *du bekommst gleich ...*

... eentje op je donder/kop! **... eentje voor je broek!**
eins auf deinen Donner/Kopf *eins vor deine Hose*
... einen auf den Dätz! ... einen auf den Latz!

... eentje op je lazer/sodemieter!
eins auf deinen Körper/Sodom-beworfen
... eins auf die Mütze!

... een klap voor je kanus!
einen Schlag voor deine Visage
... einen in die Fresse!

Straks zwaait er wat!
gleich weht da was
Gleich klatscht's, aber kein Applaus!

Ik leg je straks over de knie.
Ich leg dich gleich übers Knie.

Straks krijg je een pak rammel!
gleich bekommst du ein Paket Prügel
Gleich setzt es eine Tracht Prügel!

Ik ga je eentje met de mattenklopper geven!
ich werde dir eins mit dem Teppichklopfer geben
Gleich gibt's was hinter die Ohren!

Arschloch & Schlampe!

So langsam kocht das Blut und Sie haben echt eine Stinkwut. Hier sollte man sich wieder an die drei Wörtchen **kut** *Pussi,* **kloten** *Hoden* und **rot** *verrottet* erinnern, denn diese stellt man als Vorsilbe vor Wörter aller Art, um daraus eine Beschimpfung zu machen.

kutwijf, klotewijf, rotwijf
Mistweib
kutmeid, klotemeid, rotmeid
Scheißmädel
kutvent, klotevent, rotvent
Mistkerl
kutjong, klotejong, rotjong
Scheißjunge
kutzak, klootzak, rotzak
Arschloch

Das beliebteste Wort für „Arschloch" ist noch immer klootzak, *was man auch verkürzt zu* klojo!

Will man einen Mann als Arschloch beschimpfen, nennt man ihn auch einfach bei seinen Genitalien: **kloot** *Hoden,* **zak** *Sack,* **lul** *Pimmel* und auch **eikel** *Eichel!* Oder eben noch viel mehr:

Smerige kloot!	*schmieriger Hoden*
Kloothommel!	*Hoden-Hummel*
Klootpoot!	*Hoden-Pfote*
Kloteklapper!	*Hoden-Klatscher*
Hondenlul!	*Hunde-Pimmel*
Paardenlul!	*Pferde-Pimmel*
Bokkelul!	*Bock-Pimmel*
Lullebak!	*Pimmel-Kiste*
Vieze lullo!	*fieser Pimmel*
Dikke lul!	*dicker Pimmel*
Varken!	*Schwein*
Schoft!/Schurk!	*Schuft/Schurke*
Vlegel!/Vlerk!	*Flegel*
Vuns!/Ploert!	*Ekel/Lump*
Lompe smeerlap!	*plumper Schmierlappen*
Gluiperige hufter!	*schlüpfriger Angeber*

Ganz besonders blumig ausgedrückt ist: Uitgelepelde paardekut!, *was wörtlich „ausgelöffelte Pferde-Pussi" bedeutet.*

Pest & Co.

Im Deutschen wünscht man zwar auch jemandem die Pest an den Hals, aber im Niederländischen beschimpft man Mann und Frau mit Krankheiten als „Abschaum":

kankerlijder	*Krebs-Leider*
klerelijder	*Cholera-Leider*
pokkenlijder	*Pocken-Leider*
teringlijder	*Tuberkulose-Leider*
tyfuslijder	*Typhus-Leider*
syfilislijder	*Syphilis-Leider*

Nur für Männer hingegen gilt **kankerpiet** *Krebs-Piet* und für Frauen hat man noch folgende Kombinationen reserviert:

klerewijf	*Cholera-Weib*
pokkewijf	*Pocken-Weib*
kankerhoer	*Krebs-Hure*
tyfushoer	*Typhus-Hure*
teringhoer	*TBC-Hure*

Krijg toch de pleuris stuk verdriet!
kriege doch die Rippenfellentzündung Stück Trauer
Ich wünsche dir die Pest du Häufchen Elend!

Schlampe! Nutte!

Wie auch im Deutschen unterstellt man der Schlampe, eine Gewerbetreibende in der Horizontalen zu sein:

Vuile hoer/stoephoer/groephoer!
dreckige Hure/Bordsteinhure/Gruppenhure
Dreckige Hure!

kuthoer	*Pussi-Hure*
rothoer	*verrottet-Hure*
hoerejong	*Huren-Junges*
hoerloper	*Hure-Läufer*
portiekhoer	*Portal-Hure*
temeier	*Prostituierte*
kutteklapper	*Pussi-Klatscher*

Auf die Spitze getrieben, heißt es: Uit de baarmoeder geslingerde variétéhoer!, *was wörtlich* „aus der Gebärmutter geschleuderte Varietéhure" *bedeutet!*

Für die Schlampe sagt man auch: **slet, bed-slet, del, greppeldel, lel, lellebel, slons** und für die „Hündin" **bitch** oder **teef.**

Jij bent een vieze loopse hond!
du bist eine fiese läufige Hündin
Du bist eine fiese läufige Hündin!

Zicken & Luder

Falschheit sagt man besonders Frauen nach und so gibt es eine breite Palette, um sie gebührend mit Nettigkeiten zu bedenken:

Geniepig kreng!	Heimtückische Zicke!
Gemene snol!	Gemeine Nutte!
Valse sloerie!	Falsche Schlampe!
Serpent! Slang!	Schlange!
Truus! Miep!	Zicke!
Tuttig wijf!	Zickiges Weib!
Loeder!	Luder!

Achterlijk/achterbaks/krengerig schepsel!
hinterrückse/hinterrückse/zickige Schöpfung
Hinterrückses/hinterfotziges/zickiges
Weibsstück!

Eine „Kratzbürste" ist ein **kattekop** *Katzen-kopf.* Und eine Frau mit Haaren auf den Zähnen ist ein **doerak** oder **een draak van een vrouw** *ein Drache von einer Frau!*

Trottel & Trulla

Intelligenz ist ein hohes Gut: Der eine hat's, der andere hingegen gar nicht. Letztere können mit ihrer Stupidität ganz schön nerven. Man nennt sie **dom** *dumm* und **stom** *blöd* in zig Varianten: **Dommerd!** *Dumme(r),* **Dommerik!** *Dummerich,* **Domoor!** *Dumm-Ohr,* **Domkop!** *Dumm-Kopf,* **Dombo!** *Dumbo* (auch in Anspielung auf den nicht eben schlauen Elefanten), **Stommerd!** *Blöde(r),* **Stommerik!** *Blöderich,* **Stommeling!** *Blöd-ling.* Oder synonym: **Ezel!** *Esel* und **Mongool!** *Mongole!*

Die Beschimpfung Stom kind! „blödes Kind" gilt nicht nur Kindern, sondern auch etwas von oben herab für jemanden, der sich einfach dumm anstellt.

Dom schaap!	*dummes Schaf*
Stomme eikel!	*dumme Eichel*
Stomme trut!	*blöde Schnalle*
Domme/Stomme koe!	*dumme/blöde Kuh*
Domme gans!	*dumme Gans*
Dom wijf!	*dummes Weib*
Dom wicht!	*dummes Wicht*

Der Trottel hat im Holländischen viele Namen. Suchen Sie sich eins aus: **Sukkel! Sufferd! Oen! Malloot!** Die dazu passende Trulla ist eine **Muts! Troela! Tut! Tuthola! Doos!**

Handelt es sich um eine wenig intelligente Kassiererin, heißt es ungeheuer beleidigend **kassakip** *Kassen-Hühnchen* oder auch **hemaworst** *Hema-Wurst,* wenn sie bei der entsprechenden Warenhaus-Kette arbeitet.

Ganz besonders zartfühlend für die Trulla: Kip zonder kut! *– sprich ein „Huhn ohne Pussi"!*

Mehr generelle Beschimpfungen für Idioten:

(Halfgare) Idioot!	*(halb-garer) Idiot*
Onnozele hals!	*idiotischer Hals*
Gestoorde gek!	*gestörter Verrückter*
Dwaas!	*Törichter*
Minkukel!	*Dumpfnuss*
Loser!	*Verlierer (Englisch)*
Kruk!	*Krücke*
Uilskuiken!	*Eulen-Küken*
Sufkut!	*Schlapp-Pussi*

Wat ben je toch een stuk onbenul!
was bist du doch ein Stück Un-Verstand
Du bist aber auch ein Vollidiot!

Nicht nur weil die Niederlande einmal vorwiegend landwirtschaflich ausgerichtet war, beschimpft man grobe, unmanierierte Personen als „Bauern":

Domme boer!	*dummer Bauer*
(Boeren)pummel!	*(Bauern)Lümmel*
Boerentrut!	*Bauern-Trulla*
Botte boer!	*grober Bauer*
Boerenkinkel!	*Bauern-Flegel*
Boerenlul!	*Bauern-Pimmel*

Aber es gibt noch mehr: **Jan Lul** *Jan Pimmel* ist der „Obertrottel". Treibt man es auf die Spitze, macht man daraus **Jan Lul en Kaatje Kut** *Jan Pimmel und Katja Pussi,* quasi Obertrottel und Obertrulla in einem. Wer das Wort **lul** nicht in den Mund nehmen möchte, sagt **Jan-met-de-korte-achternaam** = *Jan mit dem kurzen Nachnamen* und damit ist dann natürlich der Nachname **lul** gemeint.

Eine weitere Wortspielerei ist **luldebehanger** = *Pimmel-der-Tapezierer.* Den stereotypen Beruf ins Lächerliche gezogen, umschreibt es den Obertrottel mit zwei linken Händen. Dann wäre da noch **lulletje lampekatoen,** *Pimmelchen Lampendocht* oder **lulletje rozenwater** *Pimmelchen Rosenwasser,* womit ein verlegener, farbloser Kerl umschrieben wird. Vornehm gesagt ist Letzterer auch ein **penis aquarosa.** Die weibliche Entsprechung dazu ist **tepeltje taptemelk** *Nippel-chen entrahmte-Milch.* Sind wir jetzt beleidigt?!:

Voel je je op je pik/teentjes getrapt?
fühlst du dich auf dein Schwanz/Zehchen getreten
Fühlst du dich auf den Schwanz / die Füße
getreten?

Hebben ze in je gleuf gekeken?
haben sie in deinen Schlitz geguckt
Haben Sie dich beleidigt (als Frau)?

Schlappschwanz & Co.

Hier finden Sie alles für den Umgang mit
starken Männern, denn auch der Holländer
will bloß nicht als Weichei dastehen:

**Ik ben geen watje/doetje/eitje/
kneus/zacht ei!**
*ich bin kein Watte-chen/Tu-chen/Ei-chen/
zerbeultes-Ei/weiches-Ei*
Ich bin kein Weichei!

Ebenso wenig legt Mann Wert drauf, als **Sul!**
Softie **Goeierd!** *Guter,* **slapjanus** *schlapp-Jan,*
lapswans *Lappen-Schwanz,* **mietje** *Schwuchtel*
oder **slappeling** *Schlapp-ling* zu gelten.

*Man gebraucht auch
gerne die englischen
Bezeichnungen nerd für
den hässlichen Streber
und sissy für
schwuchtelige
Weicheier!*

Angsthase

Bei denjenigen, die sich vor Angst schon in
die Hose scheißen, hat man unendliche
Kombinationen mit **schijt** *Scheiße* zur Verfü-

gung: **schijterd** *Scheißer,* **schijtbal** *Scheiß-Ball,* **schijtbak** *Scheiß-Kiste,* **schijthuis** *Scheißhaus,* **schijtebroek** *Scheiße-Hose,* **schijtkont** *Scheiß-hintern,* **schijtlijster** *Scheiß-Drossel,* **schijtzak** *Scheißsack …*

Hij schijt bagger!
er scheißt Schlamm
Hij schijt zeven kleuren stront!
er scheißt sieben Farben Scheiße
Er macht sich vor Angst in die Hose!

Es gibt aber auch noch den **bangerd** *Ängstlicher,* **bangschijter** *Angst-Scheißer,* **bange poeperd** *ängstlicher Scheißer* oder wie im Deutschen den **angsthaas** *Angsthase!*
   Weiterhin lassen sich der Hosenscheißer ergänzen: **broekpoeper** oder **broekschijter,** aber auch der dazu passende Hosenpisser: **broekpisser, broekzeiker, zeiklijster.**
   Von hier ist es nicht mehr weit zur völligen Nutzlosigkeit als **stronthoer** *Tierscheiße-Hure,* **stronthommel** *Tierscheiße-Hummel,* **stronthoop** *Tierscheiße-Haufen,* **lazerstraal** *Piss-Strahl,* **pisbak** *Pissoir,* **piskont** *Piss-Hintern,* **piswijf** *Pissweib,* **pisvent** *Pisskerl,* **rotstraal** *verrottet-Strahl,* **zeikerd** *Pisser* oder eben:

Hé jij stuk stront!
He du Stück Scheiße!

Hé jij gecondenseerd stuk zeik!
He du kondensiertes Stück Pisse!

Snobs, Assis & andere Typen

Auch im toleranten Holland hat man ein ausreichendes Repertoire, um über die lieben Mitbürger herzuziehen.

Snobs

Wenn Sie einer **kakwijk** oder **kakbuurt** *Kack-Gegend* gelandet sind, treffen Sie auf **kakker** *Scheiße,* sprich arrogante Schickimickis aus der Oberschicht. Die weibliche Variante ist das **kakwijf** *Kack-Weib* oder die **kakmadam** *Kack-Madam,* die notorisch Schwierigkeiten hat den großen Schlitten ihres Gatten einzuparken. Und diesen nennt man dank der für diese Spezies typischen Glatze **kale kak** *kahler Kacker.* Sie sind einfach ein **bekakt volk** *bekacktes Volk* oder **iemand met koude kak** *jemand mit kalter Kacke.*

Diese steife, snobistische Gesellschaft redet denn auch gern met een aardappel in de keel *„mit einer Kartoffel in der Kehle", was bedeutet dass es besonders hochgestochen klingt.*

Assis

Der Kontrast dazu sind die **asos** *Assis,* auch **schorriemorrie** *asoziales-Volk* genannt oder **tuig (van de richel)** *Zeug (von der Sims),* eine nette Wortspielerei mit dem „von-und-zu"-Konstrukt der Pseudo-Adeligkeit. Kaum ist es Sommer, sitzt das **gajes** *Gesindel* im **camping-smoking** *(Freizeitanzug!)* mit Camping-tisch und Stuhl an der Straße und schlürft mit der gesamten Mischpoke ein Bier. Auch:

Snobs, Assis & andere Typen

Jan Doorsnee	**Jan Rap en zijn maat**
Jan Durchschnitt	*Jan Rap und sein Kumpel*

Zwischen Snobs und Assis hängt das **klootjesvolk** *„Volk mit kleinem Hoden", eine Art untere Mittelschicht, die ein mittelmäßiges Dasein fristet.*

Jan Modaal	**schuim der natie**
Jan Durchschnitt	*Schaum der Nation*

Will man beim **geteisem** *Gepöbel* noch die Geschlechter auseinanderhalten, nennt man die „Dame" **Anita** (im Westen auch **Debbie**) und der passende Kerl dazu ist ein **Johny,** sprich schonie oder **Johny met matje** *Johny mit Matte* wegen der langen Haare im Nacken.

Moet je die Anita zien.
musst du die Anita sehen
Guck dir mal die Tussi an!

Deutsche

Die Niederlande haben erstaunlich wenig Schimpfwörter für die Bewohner ihrer Nachbarländer. Ihre Passion gilt einzig der Beschimpfung der ungeliebten Deutschen: **mof** *Deutscher,* **moffin** *Deutsche* und **moffen** in der Mehrzahl oder noch stärker **rotmof** *Scheiß-Deutscher.* Sie kommen ja auch aus **Mofrika** *Deutsch-rika.* Schließlich hat man die Greueltaten Hitlers und der Nazis nicht vergessen. Man beschimpft sie entsprechend als **nazi, pruis** *Preuße* und die ältere Bevölkerung ruft auch schon mal **fiets terug** *Fahrrad zurück,* was darauf anspielt, dass die Nazis alle Fahrräder beschlagnahmt hatten!

vom anderen Ufer

In der Randstad zeugen wabernde Regen-
bogenfahnen von der stolzen Präsenz der
homofielen *Schwule* und **lesbische** *Lesben*.
Aber nicht alles ist rosig, denn es gibt end-
lose Beschimpfungen gerade für Schwule:
mietje *Mieze*, **poot** *Pfote*, **lulbroer** *Pimmel-Bru-
der*, **reetridder** *Arsch-Ritter*, **reetkever** *Arsch-
Käfer*, **sluitspierridder** *Schließmuskel-Ritter*,
darmtourist *Darmtourist*, **kontenbonker** *Hin-
tern-Stoßer*, **strontstamper** *Kack-Stampfer*, **flik-
kerhond** *Schwulen-Hund*, **lullemie** *Pimmel-Nu-
del*, **aambeienschoffelaar** *Hämorrhoiden-
Schaufler*, **aambeienlikker** *Hämorrhoiden-
Lecker*, **aambeienplukker** *Hämorrhoiden-
Pflücker*, **aambeienrooier** *Hämorrhoiden-Röter*,
aambeientrekker *Hämorrhoiden-Abspritzer* ...

Vieze flikker!   **Vieze nicht!**
fieser Schwuler   *fiese Nichte (=Schwuchtel)*

Vergleichsweise wenig Ausdrücke gibt es für
Lesben: **pot** *Pott*, **lesbo** *Lesbo*, **befkonijn** *Leck-
Kaninchen*, **wentelteef** *dreh-Hündin*, **manwijf**
Mannweib oder **kuttenlikker** *Pussi-Lecker*.

Polizei

Zuletzt seien noch abfälligere Ausdrücke für
Ihren Freund und Helfer genannt. Denn
wenn Sie sich nicht so gut mit der **politie**
Polizei oder einem **(politie)agent** *Polizist* ver-

stehen, sagt man eher etwas im Sinne von „Bulle": **wouten, smeris, juut, kit** und im Plural gleich: **flikken.** Suchen Sie geradezu eine Schlägerei mit der berittenen Polizei, spielen Sie mit dem Wörtchen **lul** in seiner doppelten Bedeutung *Pimmel* und *Arschloch*: „Ich dachte, dass beim Pferd der Pimmel immer untendran hängt? (und nicht ein Arschloch obendrauf sitzt!)".

Die weniger Schönen

Wie überall ist man auch in Holland die Zielscheibe für unnette Kommentare, wenn man nicht zur Liga der Schönen gehört. Einen hässlichen Menschen bedenkt man mit diesen Kommentaren:

Lelijke trol!	*hässlicher Troll*
Lelijkerd!	*Hässlicher*
Engerd!	*Gruseliger*
Bleekscheet!	*bleich-Furz*
Viskop!	*Fischkopf*
Hondsvod!	*Hunde-Lappen*
Waterhoofd!	*Wasser-Kopf*
Bosjesman!	*Wäldchen-Mann*
Takkewijf!	*Zweigen-Weib*

Zu den besonders freundlichen Abkürzungen für hässliche Frauen zählt auch PLORK = Prachtig Lichaam Ontzettende Rot Kop! = *prächtiger Körper entsetzlich verrotteter Kopf!*

Je kop is net een blote kont!
dein Kopf ist gleich ein entblößter Hintern
Du siehst aus wie ein Arsch mit Ohren!

Jij uitgescheten kouwe drol!
du ausgeschissener kalter Scheißhaufen
Du Ausgeburt eines Miststücks!

Oh, wat is die fout!   **Pleeborstel!**
oh, was ist die falsch   *Toiletten-Bürste*
Mann, ist die daneben! (schlechte Frisur)

Zij is zo lelijk als de nacht / oerlelijk!
sie ist so hässlich wie die Nacht / urhässlich
Sie ist so hässlich wie die Nacht / grottenhässlich!

Zak over de kop!   **Schele otter!**
Sack über den Kopf   *schieler Otter*
Sack drüber!   Brillenschlange!

Hé jij met je ziekenfondsbrilletje!
He du mit deinem Kassengestell!

Ekelpakete

Hier ist bei Teenagern der Bezug zur Pickeligkeit sehr beliebt: **grindtegel** *Kies-Fliese*, **pukkelkop** *Pickel-Kopf*, **puistenkop** *Pickel-Kopf*, **puistenlul** *Pickel-Pimmel*, **puistenbek** *Pickel-Maul*, **puistenwijf** *Pickel-Weib*, **pukkelneus** *Pickel-Nase*, **pusbek** *Eiter-Maul*, **pushoofd** *Eiter-Kopf*, **steenpuist** *Stein-Pickel*.
 Ansonsten gibt es noch diverse Bezeichnungen, die für Schleimigkeit stehen: **Kwal!** *Qualle*, **Slijm!** *Schleim*, **Slijmkut!** *Schleim-Pussi*, **Slijmbak!** *Schleim-Kiste*, **Slijmbal!** *Schleim-Ball*, **Slijmborstel!** *Schleim-Bürste*, **Slijmerd!** *Schleimer*, **Slijmjurk!** *Schleim-Kleid*, **Kwijlebabbel!** *Sabbel-Babbel*, **Kwijlebek!** *Sabbel-Maul*

Schmutzfinken

Steht der Dreck im Vordergrund, hört man: **Viezerik!** *Fieserich*, **Viespeuk!** *Fies-Stummel*, **Smeerkees!** *Schmier-Kees (Name)*, **Smeerpoets!** *Schmier-Putz*, **Goorlap!** *Schmier-Lappen* oder **Gore lul!** *schmieriger Pimmel*.

Wat ben jij een beest/zwijn/varken!
Was bist du ein Biest/Schwein/Ferkel!

Man stellt auch gerne Vergleiche mit Tierscheiße an: **Strontbagger!** *Tierscheiße-Dreck*, **Strontbak!** *Tierscheiße-Kiste*, **Strontbeer!** *Tierscheiße-Bär*, **Strontbeest!** *Tierscheiße-Biest* oder **Strontboer!** *Tierscheiße-Bauer*.

Besonders attraktiv sind Ausdrücke rund um den Körperschweiß: **Zweetlul!** *Schweiß-Pimmel*, **Zweetkloot!** *Schweiß-Hoden* und für die Damen: **Zweetkut!** *Schweiß-Pussi*.

Wer so dreckig ist, stinkt außerdem heftig: **Stinkdier!** *Stinktier* oder **Stinkotter!** *Stinkotter*.

Fettsäcke & Bohnenstangen

Vetzak! / Vetklep!	*Fettsack / Fett-Klappe*
Dikbil!	*dick-Schenkel*
Dikzak!	*dick-Sack*
Dikbuik!	*dick-Bauch*
Dikkerd!	*Dicker*
Dikke pad!	*dicke Kröte*
Dreknek!	*Dreck-Hals*
Vreetzak!	*Fresssack*
Mestbeer!	*mest-Bär*

Wat een koe/paard/nijlpaard!
was ein(e) Kuh/Pferd/Flusspferd
Die hat einen Arsch wie ein Brauereipferd!

Opgezwollen tietvlieg!
aufgeschwollene Titten-Fliege
Aufgedunsene Brunftkuh!

Spriet!/Lat!/Tak!	*Halm/Latte/Zweig*
Gratekut!/Vissekut!	*Gräten-Pussi/Fisch-Pussi*
Geraamte!	*Gerippe*
Oud/Lopend lijk!	*alte/laufende Leiche*
Mager scharminkel!	*mageres Gerippe*
Strijkplank!	*Bügelbrett*

Daar heb je een plank met tieten!
da hast du ein Brett mit Titten
Guck mal, ein BMW (= Brett mit Warzen)!

Het nestje zit hoog in de boom!
das Nestchen sitzt hoch im Baum
Mann, hat die lange Beine!

Alte Eisen & Satansbraten

So kennt man die ältere Bevölkerung: Chronisch langsam Auto fahrend oder belehrend, wenn Sie als Fußgänger eine rote Ampel überquert haben. Haben Sie auf so etwas keine Lust, schimpfen Sie drauf los: **Ouwe lul!** *alter Pimmel,* **Ouwe zak!** *alter Hoden,* **Ouwe rukker!** *alter Abspritzer,* **Ouwe knar!** *alter Knurz,* **Ouwe zemelaar!** *alter Nöl-Heini* oder man holt noch weiter aus:

Infantiele impotente ouwe piel!
infantiler impotenter alter Pimmel

Ebenso beschimpft man alte Weiber als **Oud vel!** *altes Fell,* **Graftak!** *Grabzweig (= Grabstein-arrangement),* **Oud wijf!** *altes Weib* oder eben noch blumiger:

Verrotte ouwe snol!
verrottete alte Nutte

Satansbraten

Die angeblich süßen Kleinen sind kaum besser. So lange die Eltern nicht in Sicht sind, kann man sie zusammenstauchen:

Etter(bak)!	*Eiter-(Kiste)*
Etterbuil!	*Eiter-Beule*
Addergebroed!	*Kreuzotter-Brut*
Snotaap!	*Popel-Lappen*
Snotlap!	*Popel-Affe*
Snottebel!	*Popeline*
Snotneus!	*Popel-Nase*
Snotjong!	*Popel-Junge*
Kwajongen!	*böser-Junge*
Bengel!	*Bengel*
Vlegel!	*Flegel*
Rekel!	*Flegel*
(Kut)Koter!	*(Pussi-)Rakker*
Deugniet!	*Taugenichts*
Boefje!	*Dieb-chen*
Apekop!	*Affen-Kopf*
Belhamel!	*Klingel-Hammel*
Spruit!	*Sprössling*
Uk(kie)/Ukje!	*kleiner Rakker*
Kleine dreunis!	*kleiner Dröhner*

Geht Ihnen die kleine Pissnelke ganz schön auf die Nerven, können Sie das Kind fragen:

Jij bent zeker de leukste thuis?
du bist sicher der/die netteste Zuhause
Und du bist besonders nett, was?

Süßholzraspeln & Schluss machen

Will man so richtig **flirten** *flirten*, **versieren** *anmachen*, **sjansen** *Chance-bekommen* oder **avancen maken** *Avancen machen*, gilt es ein wenig Süßholz zu raspeln:

Hé lekker ding/stuk!
hey leckeres Ding/Stück
Na Süße(r)!

Wat een lekkere vent/kerel.
Was ein leckerer Kerl!

Wat een vlotte gozer/man.
Was ein flotter Kerl/Mann.

Oh, kijk eens wat een stoere man/vent.
oh, guck einmal was ein kräftiger Mann/Kerl
Äh guck mal der heiße Typ da!

Oh, wat ben jij een bikkel.
Hey, was bist du ein heißer Typ!

Oh, wat ben jij een getapte kerel!
Hey, du bist ein echt netter Typ!

Will man „Schätzchen" rufen, geht das mit: **schatje** *Schätzchen*, **lieverd** *Liebe(r)*, **liefje** *Liebchen*, **lief** *lieb*, **smatje** *Schatz (in der marrokkanischen Szene)*, **scheet(je)** *Furz(chen)*, **poepie** *Pups*, **knuffie** *Knuffel*.

Redet man von Frauen, hört man die höflichen Ausdrücke **vrouw** *Frau* und **meisje** *Mädchen* eher weniger, stattdessen:

(mooie) meid	(schönes) Mädel
(lekker) wijf	(leckeres) Weib
strak ding	schönes schlankes Weib
wijfie	Weibchen
griet	Mädel
mokkel	Süße
kippetje/chick	Hühnchen

In der Ghettosprache der marokkanischen Teenager sagt man auch dushi *oder* tanga, *was so viel wie „Schätzchen" bedeutet.*

Wat een lekker stootje / lekkere stoot!
was ein leckeres Stößchen / leckerer Stoß
Was für ein Schuss / ein geiles Stück!

Tering, dat is een lekker wijf!
Tuberkulose, das ist ein leckeres Weib
Scheiße, was für ein steiler Zahn!

Ik vind je zo'n lekker wijf.
ich finde dich so'ein leckeres Weib
Du bist echt ein lecker Mädchen.

Begehren

Hat man sich in jemanden verguckt, kann man das auf vielerlei Arten zum Ausdruck bringen:

Ik hou van jou.   **Ik ben gek op je.**
ich halte von dir   *ich bin verrückt auf dich*
Ich liebe dich.   Ich bin verrückt nach dir.

Ik bewonder je.
ich bewundere dich
Ich bewundere dich.

Ik vind je lief.
ich finde dich lieb
Ich hab dich lieb.

Ik ben (smoor)verliefd op jou.
ich bin (schmor)verliebt auf dich
Ich bin (total) in dich verliebt.

Je maakt me gek.
du machst mich verrückt
Du machst mich ganz verrückt.

Ik word zo geil van je.
ich werde so geil von dir
Du machst mich total an.

Ze heeft mijn hoofd op hol gebracht.
sie hat meinen Kopf ans Rennen gebracht
Sie hat mir den Kopf verdreht.

Vielleicht durchläuft man dann alle Stadien von **verliefd** *verliebt*, **verloofd** *verlobt*, **getrouwd** *verheiratet*, wenn man **de ware jacob**, sprich „den Richtigen", oder **de ware liefde** „die große Liebe" gefunden hat.

Schluss machen

Ist die Liebe erkaltet, ist einer **vreemdge-gaan** *fremdgegangen* oder hat **buiten de pot gepist** *außerhalb des Pottes gepisst,* **een slippertje gemaakt** *einen Ausrutscher gemacht* oder **overspel gepleegd** *Überspiel begangen,* dann heißt es meist erst einmal:

Ik haat je!
ich hasse dich
Ich hasse dich!

Ik schijt op je!
ich scheiß auf dich
Ich scheiß auf dich!

Ik heb een hekel aan je.
ich habe einen Abscheu an dir
Ich verabscheue dich.

Ik kots/walg van je!
ich kotze/verabscheue durch dich
Ich find dich zum Kotzen!

Krijg de tering/tyfus!
krieg die/den TBC/Typhus
Ach, krieg doch die Krätze!

Dann ist Schluss. Man wird **vallen gelaten** *fallen gelassen,* **gedumpt** *ge-dumpt,* **verlaten** *verlassen* oder ist derjenige, der **het uitmaakt** *Schluss macht.* Man geht getrennte Wege:

uiteen gaan	sich trennen
uitelkaar gaan	sich trennen
zich laten scheiden	sich scheiden lassen

Wenn man eine LAT-relatie (=Living Apart Together), hatte, d. h. jeder hatte seine eigene Wohnung behalten, geht eine Trennung viel einfacher von sich.

Schwanz, Pussi & Po

Bevor es zur Sache gehen kann, muss man erst einmal die Körperpartien und ihre Ausdrucksformen kennen lernen.

Manneskraft

An sich nennt sich das kostbarste Körperteil des Mannes wie im Deutschen penis, *aber so nennt ihn denn auch nur der Arzt oder der Biologielehrer.*

Meist nennt man den Penis **lul** *Pimmel (auch Schimpfwort: Arschloch!)* oder **pik** *Schwanz* und sonst gibt es Umschreibungen wie **staart** *Schwanz,* **paal** *Pfahl,* **slurf** *Rüssel,* **roede** *Rute,* **lid** *Glied,* **apparaat** *Apparat,* **leuter** *Lümmel,* **kleine jongen** *kleiner Junge,* **derde been** *drittes Bein,* **grote piet** *großer Piet,* **tampeloeris** *Pieseluter,* **jongeheer** *junger-Herr.*

In der Kindersprache nennt sich der Penis auch piemel *Pimmel,* piel *Pimmel,* pieleman *Pillermann,* pissertje *Pisserchen* oder plasser(tje) *Pinkel-(chen)*

Ik krijg er al een stijve van.
ich kriege da schon einen Steifen von
Ich bekomme davon schon einen Steifen.

Hij heeft al een paal/bult in zijn broek staan.
er hat schon einen Pfahl / eine Beule in seiner Hose stehen
Er hat einen Steifen in der Hose.

Ik heb een harde/erectie.
Ich habe einen Harten / eine Erektion.

Ik heb een tentje gebouwd/opgezet.
ich habe ein Zelt-chen gebaut/aufgestellt
Ich hab einen Steifen in der Hose.

Kun je hem niet omhoog krijgen?

kannst du ihn nicht hoch kriegen
Kriegst du nicht hoch?

Na ja, der liebe Schwanz besteht aus der **eikel** *Eichel* (auch Schimpfwort: Arschloch!), wegen ihres Glanzes auch **glans** genannt, oder **kop** *Kopf*. Abgerundet wird das Ensemble mit **ballen** *Bällen*, **noten** *Nüssen* oder einem **klokkenspel** *Glockenspiel*. Alles zusammen erzeugt den **kwakkie** *Klecks* aus **sperma** *Sperma* oder das **zaad** *Samen* bei einem **zaadlozing** *Samenerguss*.

Wer besneden „*beschnitten*" ist, *hat einen* jodenpik „*Juden-Penis*". Sonst *kann man mit dem* toompje „*Zaum-chen*" *oder der* voorhuid „*Vorhaut*" spielen.

weibliche Rundungen

Die schönen weiblichen Rundungen nennt man **borsten** *Brüste*, **tieten** *Titten*, **memmen** *Memmen*, **jetsers** *Zitzen*, **bloemkolen** *Blumenkohle*, **meloenen** *Melonen*, **bollen** *Kugeln*, **voorgevel** *Vor-Giebel*, **bumpers** *Stoßstange*, **brammen** *Bramsegeln* und gekrönt werden sie von **tepels** *Brustwarzen*.

Kijk haar eens een bos hout voor de deur hebben.

guck sie einmal ein Büschel Holz
vor der Tür haben
Die hat aber ganz schön Holz vor der Hütte!

Ze kijken me aan!   Een mooi handje vol!

sie gucken mich an   *ein schönes Händchen voll*
Sie gucken mich an!   Eine schöne Hand voll!

Den heiligsten Ort einer Dame nennt man **kutje** *Möse* und ganz fachsprachlich **vagina** oder **schede** *Scheide*. Sie hat auch viele poetische Namen wie **flamoes** *Muschi*, **vulva** *Vulva*, **vleesroos** *Fleischrose*, **pruim** *Pflaume*, **holletje** *Höhle*, **(schaam)spleet** *(Scham)spalt*, **poesje** *Kätzchen*, **muis** *Maus*, **gleufje** *Schlitzchen*.

Wer Frau so richtig **vochtig** *feucht*, **nat** *nass*, **sompig** *sumpfig*, **soepel** *geschmeidig* und **wijd** *weit* erleben möchte, sollte das **klitje, kittelaar** *Kitzler*, **glans** *Glanz* oder ganz medizinisch die **clitoris** *Klitoris* zu finden wissen.

Ze begint te soppen.
sie beginnt zu schmatzen
Es trieft schon bei ihr.

Zij was zachtjes/hardop aan het steunen/ kreunen/hijgen/kermen.
sie war weich/lauthals am stöhnen/ächzen/ hecheln/wimmern
Sie stöhnte leise/laut.

Haar lichaam trilde/schokte/beefde!
ihr Körper zitterte/erschütterte/bebte
Ihr Körper bebte.

Po und so

Hinten findet man **kont** *Po*, **gat** *Loch*, **aarsje** *Arsch-chen*, **billen** *Backen* oder auch höflicher **achterste** *Hintern*, **zitvlak** *Sitzfläche* oder **derrière** *(Französisch: Hintern)* genannt. Die primären Geschlechtsteile ruhen kokett zwischen den **dijen** *Schenkeln* und in seiner Verlängerung findet man vielleicht schöne lange **benen** *Beine*. Sonst gibt es noch den **buik** *Bauch* und mittendrin den **navel** *Nabel*.

Wat heb je een lekker kontje.
Was hast du einen leckeren Hintern.

Sex in allen Variationen

Mit **de wallen,** dem beliebten Rotlicht-
viertel in Amsterdam, sind die Niederländer bekannt für sexuelle Freizügigkeit.

küssen & knuddeln

So geht's los: **zoenen** *knutschen,* **kussen** *küs-
sen,* **tongzoenen** *Zunge-küssen,* **tongen** *zün-
geln,* **bekken** *maulen,* **aflebberen** *abschlecken,*
aflikken *ablecken.* Soll es jetzt körperlicher
werden, wird es zu **omhelzen** *umschlingen,*
omarmen *umarmen,* **knuffelen** *knuddeln,* **stre-
len** *streicheln,* **liefkozen** *liebkosen,* **aaien** *strei-
cheln (Kindersprache),* **kneden** *kneten.*

aan de borst / de boezem / het hart drukken
an die Brust / den Busen / das Herz drücken

om de hals vallen/vliegen
um den Hals fallen/fliegen

aufgeilen

Jetzt wird es **opwindend** *aufregend*, vielleicht sind die Schmusenden **opgewonden** *erregt* oder einfach **geil** *geil*. Man kann sich auch so **opgeilen** *aufgeilen*, dass die Frau **botergeil** *Butter-geil* wird, was eine Anspielung auf den Grad der Feuchtigkeit ist.

Die supergeilen Männer nennt man **geil-neef** *geil-Neffe*, **geile beer** *geiler Bär*, **kutlikker** *Pussi-Lecker*, **rukbeer** *Abspritz-Bär*, **rukeend** *Abspritz-Ente*, **rukker** *Abspritzer*, **trekbeer** *Runterhol-Bär*, **trekeend** *Runterhol-Ente*, **tietentrekker** *Titten-Runterholer*, **trekzak** *Runterhol-Sack*, **neukbeer** *Bums-Bär*. Die geilen Frauen hingegen **schuimkut** *Schaum-Pussi*, **pikkelikker** *Penis-Lecker*, **beffer** *Lutscher*. Es gibt viele mögliche Spielarten die Beteiligten zu **stimuleren** *stimulieren*, **prikkelen** *reizen* oder zu **bevredigen** *befriedigen*:

Wer gar nicht zu begeistern ist, ist ein wenig preuts *„prüde" und die nennt man auch* Kutje de Bruin *(kann man aber auch für schüchterne junge Männer gebrauchen).*

Wil je me met je mond verwennen?
willst du mich mit deinem Mund verwöhnen

masturberen	*masturbieren*
aftrekken	*abziehen* = abspritzen
spuiten	*spritzen* = abspritzen
schieten	*schießen* = abspritzen
(af)rukken	*(ab)reißen* = abspritzen
penetreren	*penetrieren*
afberen	masturberen + aftrekken
vingeren	*fingern* = eine Frau per Hand befriedigen

likken	lecken
zuigen	*saugen* = lutschen
beffen	die Frau lecken
pijpen	*pfeifen* = einen blasen
afzuigen	*absaugen* = einen blasen
klaarkomen	*fertig kommen* = kommen
standje 69	Stellung 69: gegenseitiges Befriedigen mit dem Mund
bijten	beißen
masseren	massieren
rimmen	lecken des Anus

Der Höhepunkt ist der hoogtepunt, orgasme *oder* aan/tot zijn gerief komen *„an/bis sein Zeug kommen".*

bumsen

Für den Akt, allerlei **standjes** *Stellungen* auszuprobieren, hat man viele Namen: **vrijen** *freien*, **neuken** *bumsen*, **naaien** *nähen*, **rippen** *ficken*, **gaan liggen** *gehen liegen*, **seksen** *Sexhaben*, **de liefde bedrijven** *Liebe machen*, **wippen** *wippen*, **stoten** *stoßen*, **het doen** *es tun*, **een punt zetten** *einen Punkt setzen*, **soppen** *sumpfen*, **doppen** *dippen*, **kieren** *Schlitz-zeigen*, **fleppen** *fluppen*, **bonken** *bumsen*, **rampetampen** *vögeln*, **ketsen** *prallen*, **krikken** *krachen*, **kezen** *ballern*, **pakken** *nehmen*, **genomen worden** *genommen werden*, **naar binnen glijden** *nach innen gleiten*, **binnendringen** *eindringen*, **rollebollen** *rumkugeln*, **bespringen** *bespringen*, **doorstoten** *durchstoßen*, **rammen** *rammen*, **scoren** *Tor-schießen* ...

tussen de lakens kruipen
zwischen die Laken kriechen

de pruim op het sap zetten
die Pflaume auf den Saft setzen

Ik ga met haar de koffer induiken.
ich gehe mit ihr den Koffer eintauchen
Ich werde mit ihr in die Kiste steigen.

Ik ga een wip/vluggertje maken.
ich gehe eine(n) Wippe/Quickie machen
Ich gehe eine Nummer/Quickie schieben.

Hier gibt es endlos
weitere Varianten.
Hauptsache man hat
eine geile neukpartij
„geile Bums-Session"
oder eine
leuke vrijpartij
„nette Freien-Session"!

Ik heb trek in een ruig nummertje.
ich habe Lust auf ein raues Nümmerchen
Ich habe Lust auf eine härtere Nummer.

Ik doe het graag op z'n hondjes.
ich tu es gern auf seine Hunde-Art
Ich mag die Hündchenstellung.

Neem/pak mij van achteren.
Nimm mich von hinten.

Ik ga je eens een beurt/veeg geven.
ich werde dir einmal eine Runde / ein Fegen geben
Ich werde es dir mal so richtig besorgen.

Ik zal je mijn kwakje doorgeven.
ich werde dir meine Samenladung weitergeben
Ich geb dir mal was von meiner Ladung ab.

Ik heb zo'n zin om haar te palen/staven.
ich habe solche Lust um sie zu pfählen/aufspießen
Ich habe echt Lust sie zu stechen.

keinen Bock

Es gibt natürlich solche, die einen Orgasmus einfach **faken** *vortäuschen* oder sagen:

Ik heb hoofdpijn.
Ich habe Kopfschmerzen.

Ik heb geen zin in seks.
Ich habe keine Lust auf Sex.

Ik hou niet van one-night-stands.
Ich mag keine One-Night-Stands.

Kunnen wij het niet rustig aan doen?
können wir das nicht ruhig an tun
Können wir es langsamer angehen lassen?

Gummis und so

Besonders bei **one-night-stands** bietet sich **veilig vrijen** *sicher freien* oder **beschermd** *geschützt* zu sein an. Wer will schon mit AIDS oder Ähnlichem nach Hause kommen?

Ik heb zin om met je te vrijen.
Ich habe Lust auf Sex.

Ja, maar alleen met condoom/beflapje.
Ja, aber nur mit Kondom/Mundkondom.

Ja, maar voor het zingen de kerk uit.
ja, aber vor dem Singen die Kirche raus
Ja, aber nur mit Coitus Interruptus.

Vielleicht geht es wirklich nur um das nicht schwanger werden:

Ik wil niet zwanger worden.
Ich möchte nicht schwanger werden.

**Ik gebruik de pil/het spiraaltje,
jij het condoom.**
Ich nehme die Pille/Spirale,
du das Kondom.

Wer dennoch ein ongelukje „Unfall" hat, kann sich danach noch die morning-after-pil *„die Pille danach" oder das* pechspiraaltje *die „Pech-Spirale" besorgen.*

Shit, het condoom is gescheurd/geklapt.
Mist, das Kondom ist gerissen.

Gibt es trotzdem einen Treffer ins Rote, wartet die Frau vergeblich auf ihre **menstruatie** *Menstruation*, sie wird einfach nicht **ongesteld** *unpässlich* (bekommt ihre Tage). Sie ist **zwanger** *schwanger*.

Ik ben in verwachting.
ich bin in Erwartung
Ich bekomme ein Kind.

Ze heeft op jong gedouwd/gezet.
sie hat auf Junge gedrängt/gesetzt
Ze is met jong geschopt.
sie ist mit Jungen getreten
Sie kriegt Nachwuchs.

Rotlichtviertel

Eine **rosse buurt** *roten Gegend* mit der typischen Amsterdammer **raamprostitutie** *Fensterprostitution*, wo die Damen gemütlich **achter het raam zitten** *hinter dem Fenster sitzen*, gibt es auch in anderen niederländischen Städten, denn die **hoererij** *Hurerei* ist ein offiziell anerkannter Beruf. Für die Frauen des horizontalen Gewerbes gibt es allerlei Namen: **hoer** *Hure*, **hoerenloper** *Huren-Läufer*, **hoereerder** *Huren-Ausüber*, **trottoir-teef** *Bordstein-Hündin*, **temeier** *halbe-Fünfzig-Gulden*, **prostituee** *Prostituierte*.

Man findet die leichten Frauen auch am **afwerkplaats** *Abspritz-Platz* oder in der Polizei-bewachten **tippel(gedoog)zone** *Tippel-Zone* – ein Gebiet, wo die Huren **tippelen** *auf den Strich gehen* (auch **heroïnehoertjes** *Heroin-huren*). Im **hoerenhuis** *Huren-Haus*, im **hoerenkast** *Huren-Schrank*, **hoerentent** *Huren-zelt*, der **seksboerderij** *Sex-Bauernhof* oder dem **bordeel** *Bordell* hat die **hoerenmadam** *Huren-Madam* oder **hoerenwaardin** *Huren-Wärterin* das Sagen. Wenn man Pech hat, treibt sich dort auch noch ein **pooier** *Zuhäl-ter* herum.

Einer, der die Frauen nur anschaut, aber nicht besucht und anschließend nach Hause geht, um sich einen runterzuholen, den nennt man **drooggeiler** *„Trockengeiler".*

Kippe, Joint & mehr

Rauchen tun sie gern und viel. In den Kneipen herrschen Schwaden blauer Dunst vor. Der passionierte Zigarettenraucher dreht hier seine **peukjes** *Kippen* mit **shag** *Tabak* selbst, **filtersigaretten** gibt's aber auch. Zigaretten drehen, will aber gelernt sein:

In Holland gibt es auch noch viele alte Herren, die passioniert sigaren *oder* sigarillos *rauchen, denn der leckere* tabak *kommt meist aus dem ehemaligen Kolonialgebiet Indonesien.*

Wer ans Aufgeben denkt, nennt Zigaretten auch nicotinestaafjes „Nikotinstäbchen" *oder* kankerstikkies „Krebs-Stöckchen". *Und wenn sie einfach nur störend sind:* stinkstokjes „Stinkstöckchen".

Een plukje tabak stevig draaien, ...
ein Flausch Tabak fest drehen ...

... even met de tong langs de gomrand, ...
... eben mit der Zunge längs dem Gummirand ...

... dichtrollen, plakken en de brand erin.
... dichtrollen, kleben und den Brand hinein.

Ik ga even een shaggie rollen/bouwen/ draaien/pieren.
ich gehe eben ein Kippe rollen/bauen/drehen
Ich drehe mir gerade 'ne Kippe.

Ik ga even een peukje opsteken/roken.
ich gehe eben eine Kippe anstecken/rauchen
Ich rauche gerade mal eine.

Even het nicotinegehalte op peil brengen.
eben den Nikotingehalt auf Pegel bringen
Mal eben mein Nicotinlevel in Ordnung bringen.

Heb jij noch vloeitjes/shag?
Hast du noch Blättchen/Tabak?

Mag ik eens aan je peukje trekken?
Darf ich mal (an deiner Kippe) ziehen?

Mag ik een shaggie/sigaret bietsen?
Darf ich eine (Kippe/Zigarette) stibizen?

Heb je vuur?
hast du Feuer
Hast du Feuer?

Liegt ein süßlicher Rauchduft in der Luft, handelt es sich bestimmt um **hasj** *Hasch*, **wiet** *Gras*, **cannabis, marihuana, hennep** *Hanf*! Oder wenn es aus niederländischer Aufzucht stammte, nennt man es **nederwiet** *Nieder(lande)-Gras*. Entweder ist ein **koffieshop** bzw. **coffeeshop** in der Nähe oder jemand genoss ungeniert seinen **joint, toeter** *Tüte* oder **stikkie** *Stöckchen* auf der Straße. Seltener werden **waterpijp** *Wasserpfeife* oder ein einfaches **pijpje** *Pfeifchen* gebraucht.

Man frönt vielleicht kichernd, aber mindestens grinsend dem **blowen** *Marihuana rauchen*. Vielleicht überfällt Sie auch ein ungeheurer Hunger: Klarer Fall – ein **vreetkick** *Fresskick*. Eine ständige Kicherei nennt man entsprechend **lachkick** *Lachkick*. Man ist **high, stoned** oder noch schlimmer **knetterstoned** *sturz-stoned*.

Zo stoned als een maleier/garnaal.
so stoned wie ein Malaie/Garnele
Vollkommen bedröhnt/stoned.

Zwar sind die so genannten „weichen Drogen" nicht legal, aber der Besitz oder Verkauf in einem Coffeeshop in Mengen für den privaten Gebrauch wird nicht strafrechtlich verfolgt, sondern geduldet.

Auch der Nichtraucher kann mit leckeren **spacecakes, spacekoekjes** *Space-Küchlein* oder **hasjolie** *Haschöl* in andere Bewusstseinsebenen vordringen.

Außerdem gibt es viele **smartshops,** die eine Vielzahl an **ecodrugs** oder **smartproducten** wie **paddos** *Pilzen* und **cactus** *Kaktus* verkaufen, die Ihnen einen halluzinogenen Trip besorgen können, oder mehr Potenz beim Sex, mehr Grips im Examen ..., die Liste der Versprechungen ist endlos.

Alle anderen **drugs** oder **dope** sind strengstens verboten. Dazu gehören die holländische Designerdroge **xtc** *Ecstasy,* und die altbekannten Übel **cocaïne** oder **coke** *Kokain,* **crack** *Crack/Kokainbasis,* **lijm** *Kleber,* **lachgas** *Lachgas,* **poppers** *Popper,* **speed** oder **pep** *Speed,* **heroïne/bruin** oder **smack** *Heroin,* **wit & bruin** oder **speedball** *Coke und Heroin,* **LSD papertrip** *LSD auf Papierkarees,* **amfetamine.**

een lijntje coke snuiven
eine Linie Kokain schnupfen

pilletjes slikken
Pillen nehmen

crack basen
Kokainbasis (Crack) rauchen

heroïne chinezen
Heroin erhitzen und die Dämpfe mit einem
Röhrchen einatmen

Biertje & Borreltje

Außer zum Bier lässt sich der betagtere
Niederländer höchstens zum **borreltje** *„ein
kleines alkoholisches Getränk"* hinreißen. Für
den süßen Zahn und Kopfschmerzen ist der
bessenjenever *Beeren-Gin* aus Johannisbee-
ren. Aber traditionell ist es ein herber **graan-
jenever** *Korn-Gin* oder **jajem**, den es in ver-
schiedenen Stärken gibt wie auch Käse: **jong**
jung und **oud** *alt*. Man trinkt sie schussweise
als **afzakkertje** *Absacker* in feucht-fröhlicher
Runde. Bestellt man ein **kopstootje** *Kopfstöß-
chen*, kriegt man ein kleines Bier inklusive
Schnapsglas jungem Genever; auch **onder-
zeeboot** *Unterseeboot* genannt, weil man das
gefüllte Schnapsglas komplett ins Bierglas
sinken lässt.

*Die Friesen haben ihr
eigenes starkes Gebräu:*
berenburger!

79

Biertje & Borreltje

Je weiter weg man von Amsterdam ist, desto häufiger wird auch amsterdammertje *„Amsterdammer-chen" für ein großes Glas Bier gesagt, aber nicht in Amsterdam oder Rotterdam!*

So richtig schlägt das Herz der Holländer jedoch nur für Bier. Ist einem die Marke und Größe egal, bestellt man einfach ein **bier(tje)** *Bierchen* oder **tapje** und man bekommt das übliche Bier vom **tap** *Fass*. Will man die Größe bestimmen, fragt man nach einem **vaasje** *Väschen* für ein großes Bier und nach einem **fluitje** *Flötchen* für ein kleines.

Möchte man eine Flasche haben, sagt man einfach **fles** oder aber **beugeltje** *Bügelchen*, wenn man **Grolsch** (sprich: chrolss) bestellen möchte. Da die Grolsch-Flasche viel mehr beinhaltet als normale holländische Bierflaschen, will der ein oder andere lieber eine kleine Grolsch-Flasche; die nennt man **pijpje** *Pfeifchen*. Bei Freunden bekommen Sie vielleicht auch ein **blikje** *Döschen* angeboten.

Übrigens fegt man in Holland bei den meisten Bieren den **schuimkraag** *Schaumkragen* oder **manchet** *Manschette* von dem überschäumenden Glas. Man gebraucht dazu ein **schuimmes** *Schaummesser*, einen kleinen Spatel. Triefnass ist dann das Glas, was das **viltje** *Filzchen*, den Bierdeckel, hier echt sinnvoll macht.

Jetzt aber auf zur **kroegentocht** *Kneipentour* und rein in **de kroeg** *die Kneipe*, **het café** *das Café* (damit ist kein Kaffeehaus gemeint!), **een drankhol** *eine Getränk-Höhle*, **een tent(je)** *ein Zelt(chen)* = „Schuppen", **een danstent** *Tanz-Zelt*, **een club** oder **een disco(theek)**. Es gilt schön konstant die Bierchen in sich hineinzukippen und das nennt man **zuipen** *saufen*, **boemelen** *zechen*, **borrelen** *Alkoholtrinken*, **stappen** *stapfen*, **aan de bar hangen** *an der Bar hängen*, **doorzakken** *durchsacken*.

Etwas Besonderes ist das bruine café *„braunes Café", traditionell mit Holzmöbeln und holzvertäfelten Wänden ausgestattet, daher „braun"! Hier finden Sie zuweilen noch kleine billige Perserteppiche als Tischdecken auf dem Tisch – wirklich typisch holländisch wie zu Omas Zeiten!*

aan de rol gaan/zijn
an die/der Rolle gehen/sein
auf die Rolle gehen

aan de boemel/zwier gaan
an den Bummel/Schwenk gehen
eine Sauftour machen

een biertje/borreltje pakken
ein Bierchen/Gläschen genehmigen

een slokje drinken
ein Schlückchen trinken

Dabei hört man allerlei laute Geräusche: **boeren** *rülpsen*, **bulken** *brüllen*, **oprispen** *aufstoßen*. Dann sagt man:

Zo, heb je je middenrif gescheurd?
so, hast du dein Zwerchfell gerissen
Ist bei dir was kaputt?

Biertje & Borreltje

Niks gebroken/gescheurd?
nichts gebrochen/gerissen
Nichts gebrochen?

Alles nog heel? **Doet het zeer?**
Alles noch ganz? Tut's weh?

Steigt der Alkohol den Beteiligten deutlich zu Kopfe, kann man diesen Rauschzustand auf allerlei Arten kommentieren:

Hij/zij is (straal-)bezopen.
Er/sie ist (stritze-)besoffen.

Wenn Mann zu viel säuft, entwickelt er leicht een bierbuik, einen Bierbauch, auch afdakje „Vordach" genannt.

dronken	*trunken* = betrunken
zat	*satt* = volltrunken
beschonken	*beschänkt* = abgefüllt
lazarus	*aussätzig* = voll
kachel	*Kachel* = dicht
onder invloed	*unter Einfluss* = unter Alkoholeinfluss
in de lorum	im Delirium
aangeschoten	*angeschossen* = angetrunken
ver heen	*weit hin* = gut dabei
in de olie	*im Öl* = einen im Tee haben
ketel	*Kessel* = einen in der Krone haben
ladderzat	*Leiter-satt* = sturzbesoffen
stomdronken	*dumm-trunken* = volltrunken
poepie-bezopen	*Pups-besoffen* = scheiße besoffen
hagelsteen-dronken	*Hagelstein-trunken* = sternhagelvoll

een stuk in de kraag zuipen
ein Stück in den Kragen saufen
einen hinter die Binde kippen

boven zijn theewater
über sein Teewasser
über den Jordan

Ik verkeer in lichtelijk benevelde toestand.
ich verkehre in leicht benebeltem Zustand
Ich befinde mich in einem leicht benebelten
Zustand.

Ik ben zo zeik als een hond.
ich bin so nass(uriniert) wie ein Hund
Ich bin so voll wie eine Haubitze!

... zo dronken als een tor
so trunken wie ein Käfer
... so voll wie eine Natter!

Ik voel me slecht/misselijk.
ich fühle mich schlecht/übel
Mir ist schlecht/übel.

Ik ben kotsmisselijk.
ich bin kotz-übel
Mir ist kotzübel!

Ik moet kotsen/braken/spugen/overgeven.
ich muss kotzen/brechen/spucken/übergeben
Ich muss kotzen / brechen / speien /
mich übergeben.

Hij gaat al over zijn nek.
er geht schon über seinen Nacken
Ihm kommt's schon hoch.

Ik heb een kater.
Ich habe einen Kater.

All diese traurigen Figuren, die sich nicht
mehr so recht auf den Beinen halten kön-
nen, beschimpft man als Säufer mit **zuiplap**
Sauf-Lappen, **bezopen patser** *besoffener Protz,*
dronkaard *Trinker,* **dronkelap** *Trink-Lappen,*
drinkebroer *Trinkbruder,* **drankorgel** *Trink-
orgel,* **zatlap** *besoffen-Lappen..*

Auf dem Lokus & Co.

Ein stilles Örtchen ist **de toilet** oder **de wc**.
Spricht man lieber vom Lokus, nennt man
ihn **de plee.** Bei einem dringenden Bedürf-
nis verkünden Sie ganz einfach:

*Früher nannte
man das Scheißhaus
auch* strontton
*„Scheiß-Tonne" nach
dem Eimer benannt,
in den man schiss
und der dann mit
dem* bolderkar
*„Bollerwagen" am
Haus abgeholt wurde.*

Ik ga even naar de plee.
Ich gehe eben zum Lokus.

Ik ben even op de pot.
Ich bin eben auf dem Pott.

Ik ben even naar nummer 100.
ich bin eben nach Nummer 100
Agent Doppelnull verlangt sein Recht!

In diesem winzigen Ort, der in holländischen Häusern gerade einmal genügend Stehraum für den Mann bietet und etwas Platz links und rechts für zusätzliche Rollen **wc-papier, toiletpapier, closetpapier, schijtpapier** *Scheißpapier* oder wenn man Pech hat **schuurpapier** *Scheuerpapier* (die ungemütlich recycelte, raue Variante), sowie **de pleeborstel** *(die Lokus-Bürste)* für den Fall, dass Ihr Geschäft Spuren hinterlassen hat.

In der Kindersprache sagt man ähnlich wie im Deutschen pipi/kaka doen *Pipi/Aa machen!*

kleine boodschap

Eine „Botschaft" nennt man das „Geschäft" und davon gibt es große und kleine. Trinkt man gerne ein Bierchen nach dem anderen, wird der Harndrang immer größer. Man geht **pissen, plassen, zeiken, urineren, wateren, sassen, stroesen.** Was dann rauskommt ist **plas** oder **pis.**

Ik ga (even) een kleine boodschap doen.
ich gehe (eben) eine kleine Botschaft tun
Ich gehe mal eben für kleine Jungs/Mädels.

Was Männer und Frauen sagen, wenn Sie auf Toilette müssen, unterscheidet sich schon mal beim Pinkeln:

Es gibt aber auch solche, die nicht der reinen Notwendigkeit wegen pinkeln, sondern sich sexuell daran erfreuen, dass nennt man dann plassex.

Frauen

... uit m'n grot prullen.
aus meiner Grotte müllen

... de poes op de bak doen.
die Mieze auf das Katzenklo tun

... uit m'n doos zeiken.
aus meiner Dose pissen

... piemelen en pinkelen.
pimmeln und pinkeln

... een plas doen.
eine Pfütze tun

Männer

... kijken of ik nog een jongetje ben.
gucken ob ich noch ein Jüngelchen bin

... mijn leuter buitenhangen.
meinen Lümmel raushängen

... de aardappels afgieten.
die Kartoffeln abgießen

... de hond uitlaten.
den Hund rauslassen

... naar mijn eigen gezeik luisteren.
meinem eigenen Genörgel zuhören

... uit de broek huilen.
aus der Hose heulen

... mijn water lozen.
mein Wasser lösen

Für Jungs gibt's die schön stinkenden öffentlichen Pissoirs, in Amsterdam **de krul** *die Locke* genannt (wegen ihrer Schneckengehäuseform ohne Tür). Sonst heißen sie einfach **urinoir** oder **de pisbak** *die Piss-Kiste*.

grote boodschap

Für einen „Haufen" braucht selbst der Mann eine gemütliche **wc-bril,** auf der er sich mit der Tageszeitung in **het schijthuis** *das Scheißhaus,* **de poepdoos** *die Pups-Dose* oder **het huisje** *das Häuschen* niederlassen kann. Was dabei herauskommt, ist **stront** *Scheißhaufen* (aus der Hundesprache!), **kaka** *Kacke,* **schijt** *Scheiße,* **bagger** *Schlamm,* **een drol** *eine Wurst,* **bolus** *Haufen* oder **keutel** *Kötel.* Das Scheißen nennt man: **poepen** *pupsen,* **schijten** *scheißen,* **kakken** *kacken,* **kleien töpfern,** **keutelen** *kötel,* **bouten** *bolzen,* **metselen** *mauern,* **drukken** *drücken* oder **toileteren** *toilettieren,* **zijn behoefte doen** *sein Bedürfnis tun,* **een grote boodschap doen** *eine große Botschaft tun,* **bah doen** *bah tun.* Aber kreativere Umschreibungen beginnen meist mit **Ik ga (even)** ... *ich gehe (eben):*

... **mijn zwager een hand geven.**
meinem Schwager eine Hand geben
... **een bruine trui breien.**
einen braunen Pullover stricken
... **een drol/bolus draaien.**
eine Wurst / einen Haufen drehen

Auf holländischen Bürgersteigen sieht man so süße Piktogramme eines in der Scheißhaltung hockenden Hundes, mit einem Pfeil darunter, der Richtung Bordstein zeigt, damit weniger **hondestront** *„Hundescheiße" zur Tretmine wird.*

... een hoopje doen.
ein Häufchen tun

... een letter bakken.
einen Buchstaben backen

... de ouwe heer uitlaten.
den alten Herrn rauslassen

... een geeltje doen.
ein Gelbchen (= alter 25-Gulden-Schein) tun

Oder man beginnt mit **Ik moet ...** *ich muss:*

... er eentje naar Darmstadt faxen.
da einen nach Darmstadt faxen
(eine Wortspielerei mit „Darm")

... naar de plee. Het geeft kopjes.
zur Toilette. es gibt Köpfchen
(kopjes geven tut eine Katze, wenn sie sich an
Sie schmiegt und gestreichelt werden will)

Sonst hört man auch noch:

Ik heb een bruin kindje gemaakt.
ich habe ein braunes Kindchen gemacht

Meneer de Bruin meldt zich.
Herr de Braun meldet sich

Und wenn man von seinem erledigten Ge-
schäft zurückkommt:

Zo, die klopte al lang op het katoen!
so, der klopfte schon lang auf die Baumwolle

Dat lucht op!
Das erleichtert!

Wenn man allerdings mit Durchfall zu kämpfen hatte:

Ik ben aan de dunne/race!
ich bin an dem Dünnen/Rennen

windjes

Wie heeft hier een scheet/prulletje gelaten?
wer hat hier einen Furz / ein Brodelchen gelassen
Wer hat hier gefurzt?

Wat ben jij aan het pruttelen/reutelen/ruften?
was bist du am prütteln/röcheln/furzen
Was bist du am furzen?

Wie zit hier te stinken?   **Wie ruft hier zo?**
wer sitzt hier zu stinken   *wer furzt hier so*
Wer stinkt hier herum?   Wer furzt hier so?

Sorry, ik heb een windje gelaten.
entschuldige, ich habe ein Windchen gelassen
... ik moest zuchten.
ich musste seufzen
... ik moest een plofje/pufje
ich musste einen plumps/pups (lassen)
... ik heb er een laten vliegen.
ich habe da einen lassen fliegen
... ich habe einen fahren lassen.

Surftipps für mehr Slang

Literatur über niederländischen Slang gibt es kaum in Buchform (schon gar nicht auf Deutsch). Aber im Internet kann man seitenweise neue Slangbegriffe nachlesen: neu erfundene oder nur regional bekannte.

**Niederländisch
– Wort für Wort (Bd. 66)**
ISBN: 3-89416-256-2

**Niederländisch
AusspracheTrainer
Audio-CD**
ISBN: 3-8317-6100-0
(je € 7,90 [D])

Niederländisch digital
CD-Rom
ISBN: 3-8317-6064-0

● **www.taalkabaal.nl** – *Listen mit neuen Schimpfwörtern, Managersprache und mehr*
● **www.xs4all.nl/~kvandoel/nmmarch/ scheldwoorden.txt** – *lange Schimpfwortliste*
● **www.xs4all.nl/~npcwin/specials/cursist/ page_studententaal.htm** – *die niederländische Studentensprache*
● **http://home.wxs.nl/~arjenf/woord.html** – *neue niederländische Begriffe*
● **www.apollyon.nl/straat-taal.html** – *Einblicke in die Straßensprache*
● **www.rotterdamswijktheater.nl/rwtnieuw/ paginas/paginainfockv.htm** – *noch mehr Straßensprache spezifisch aus Rotterdam*
● **www.vrouwonline.nl/smsspecial/ sms_woordenboek/wb_afko_f_j.html** – *Abkürzungen für SMS-Freaks*
● **www.vandale.nl/opzoeken/woordenboek** – *praktisches Niederländisch - Niederländisch Online-Wörterbuch*

Wer für den Urlaub richtig Niederländisch lernen möchte, kann dies mit dem abgebildeten Kauderwelsch-Band „Niederländisch".

M / N

O / P

spuiten *70*
staaf *13*
standje *71*
staven *14, 72*
sterkte *21*
stijve *66*
stikkie *12, 77*
stink *59, 89*
stoer *24, 62*
stom *48, 82*
stoten *71*
strelen *69*
strijkplank *59*
stroesen *85*
stront *52, 55, 58, 87*
stuk *46, 49, 52, 62, 83*
suf *49*
sukkel *12, 49*
summum *24*
syfilis *46*

tabee *17*
takkewijf *57*
tampeloeris *66*
tanga *63*
taptemelk *50*
teen *51*
temeier *47, 75*
tepel *50, 67*
tering *26, 41, 46, 63, 65*
theewater *83*
tiet *59, 60, 67*
tippel *75*
tjee *26*
tjonge *26*
toeter *77*
tof *24*

tong *11, 69, 76*
toompje *67*
tor *83*
trek *70, 72, 77*
trillen *68*
troela *49*
trol *57*
trut *48*
truus *13, 47*
tuig *53*
tut *47, 49*
tyfus *46, 65*
uilskuiken *49*
uitgelepeld *45*
uitgescheten *57*
uk *61*

vaasje *80*
varken *35, 45, 58*
vent *32, 62*
verbouwen *43*
verdikkie *34*
verdomd *25, 34*
verknipt *32*
verrekt *25*
verrot *60*
vervelend *30*
vet *25, 59*
vies *47, 55, 58*
viltje *80*
vingeren *70*
vleesroos *68*
vlegel *45, 61*
vlerk *45*
vliegen *69, 89*
vloeitjes *77*
vluggertje *72*
vochtig *68*

voorgevel *67*
voorhuid *67*
vreemd *38, 65*
vreet *59, 78*
vrij *71, 72, 73, 74*
vuns *13, 45*
water *32, 57, 77, 85, 86*
watje *51*
wentelteef *55*
wiet *77*
wijf *12, 26, 47, 48, 60, 63*
windje *89*
wip *71, 72*
wouten *12, 56*

zaad *67*
zacht *51, 68*
zak *13, 37, 45, 57, 60*
zanik *31*
zat *39, 82, 84*
zeer *82*
zeik *11, 13, 31, 52, 83, 85, 86*
zemel *31, 60*
zeur *31*
ziek *30, 57*
zingen *31, 74*
zitvlak *68*
zoenen *69*
zuchten *89*
zuigen *71, 81*
zuiplap *84*
zwaaien *44*
zwammen *28*
zwanger *74*
zweet *59*
zwetsen *28*

Die Autorin

Elfi H. M. Gilissen, geb. 1969, ist gebürtige Niederländerin, wuchs jedoch ab ihrem 6. Lebensjahr in Deutschland in der Nähe von Köln auf. Seit dem Jahr 2000 lebt sie wieder in den Niederlanden.

Hier erlebt sie tagtäglich wie abwechslungsreich die niederländische Sprache ist und wie sehr sich die regionalen Dialekte auch in einem so kleinen Land unterscheiden. Aus der Kindheit kennt sie noch das Limburgische von ihrem Vater, das Flämische von ihrer belgischen Mutter, und von Freunden: Amsterdams, Brabants, Fries, Achterhoeks, Rotterdams, Arnhems und Twents, denn sie wohnt jetzt in Twente.

Ein großes Danke gilt niederländischen Freunden Janneke, Michel, Erwin, Sjaak, Karen, Jan-Pieter, Liane, Patricia, Johan, Anke, Jan-Willem und Sander für ihren Beitrag zum schillernden Repertoir in diesem Band. Danke auch an die Crew im „De Schutter" in A'dam für das Posing auf dem Titelfoto. Und ein dickes Dankeschön an meinem Bruder Bart, der dafür gesorgt hat, dass die deutschen Entsprechungen auch schön „saftig" wurden!

Weitere Kauderwelsch-Bände der Autorin: Flämisch (Bd. 156), Amerikanisch (Bd. 143), Englisch für Australien (Bd. 150), German Slang (Bd. 188) und Australian Slang (Bd. 48). Ebenfalls von der Autorin im Reise Know-How Verlag erschienen sind Kultur-Schock Australien, Australiens Outback und Bush entdecken sowie Sydney und seine Nationalparks. Weitere Projekte sind bereits in Arbeit.